Weil Leben mehr als Machen ist

Ludger Schulte

Weil Leben mehr als Machen ist

Von der anderen Kraft des Glaubens

Patmos Verlag

VERLAGSGRUPPE PATMOS

PATMOS
ESCHBACH
GRÜNEWALD
THORBECKE
SCHWABEN

Die Verlagsgruppe
mit Sinn für das Leben

MIX
Papier aus verantwortungsvollen Quellen
FSC® C014496

Für die Schwabenverlag AG ist Nachhaltigkeit ein wichtiger Maßstab ihres Handelns. Wir achten daher auf den Einsatz umweltschonender Ressourcen und Materialien. Dieses Buch wurde auf FSC®-zertifiziertem Papier gedruckt. FSC (Forest Stewardship Council®) ist eine nicht staatliche, gemeinnützige Organisation, die sich für eine ökologische und sozial verantwortliche Nutzung der Wälder unserer Erde einsetzt.

Alle Rechte vorbehalten
© 2013 Patmos Verlag der Schwabenverlag AG, Ostfildern
www.patmos.de

Umschlaggestaltung: Finken & Bumiller, Stuttgart
Umschlagabbildung: misterQM/photocase.de
Druck: GGP Media GmbH, Pößneck
Hergestellt in Deutschland
ISBN 978-3-8436-0321-8 (Print)
ISBN 978-3-8436-0322-5 (eBook)

»Das Mögliche kommt aus dem Reich des Unmöglichen.«
Jacques Derrida

»Wir können den Himmel verderben, erobern können wir ihn nicht!«
Martin Walser

Inhalt

Einführung 9

1 Lebenskunst
  Die Kunst der Künste 13

2 Weisheit
  Wenn die Dinge schmecken, wie sie sind 30

3 Zeit
  Das knappe Gut 49

4 Grenzen
  Gegeben und aufgegeben 61

5 Vergebung
  Weg in die Zukunft 78

6 Gelassenheit
  Aus Vertrauen leben 95

7 Kontemplation
  Erfüllte Gegenwart 120

Schluss: Gut für Überraschungen 148

Anmerkungen 154

Einführung

Das Leben will nicht nur bewältigt, nein, es will auch geführt und gemeistert werden. Irgendwann wird wohl jeder in besonders bedrängenden Schwierigkeiten nach einem guten Rat gesucht haben. Das liegt in Zeiten vielfältiger Angebote zur individuellen Lebensgestaltung und der daraus resultierenden Unüberschaubarkeit nur nahe. Tatsächlich leben wir zunehmend in einer Ratgebergesellschaft. Es gibt professionelles Coaching und Experten zu allen Fragen des Lebens vom Zeitmanagement bis zur grundsätzlichen Suche nach dem ganz persönlichen Lebensglück. Schnell ist die Rede von der »Lebenskunst« da. Sie ist heute vielerorts im Gespräch: in der Philosophie, in Managementkursen, in der Psychologie und Seelsorge. Die Lebenskunst- und Ratgeberliteratur boomt. »Mitte«, »Maß« und »Balance« lauten die verheißungsvollen Leitprinzipien. Es wird guter Rat mit Sicherheit in Aussicht gestellt. Doch schon längst erweckt das bis in die Apothekerzeitungen hinein verschlissene und ausgebeutete Wort »Lebenskunst« Überdruss und Frust. Und die Frage, ob sich nicht ein neuer »Leistungszwang zum gelingenden Leben« auf sublime Weise Raum schafft, ist berechtigt.

Die hier vorgelegten Gedanken wollen querdenken: Wissen, wie das Leben geht, geht das? Kann das Leben zum Werkstück einer Kunst oder Technik werden, in der man es zum Meister bringen kann? Die »Ars vivendi«, die Lebenskunst, ist unbezweifelbar nötig in einer Vielfalt an Wahlmöglichkeiten, Angeboten, Herausforderungen und Überforderungen. Zugleich ist sie zu wenig, wenn Leben und Menschsein mehr sind als Machbarkeit, Strategie und Planung: Geschenk, Zuwendung, Begegnung, Einfall, Gnade. Wir erschaffen uns nicht und wir erfinden uns nicht, wir sind nicht nur *unsere* Geschichte; wir widerfahren uns.

Der große Trend »Lebenskunst« hat seine Chancen und Grenzen. Denn Leben ist und bleibt mehr, als getan werden kann! Weil Leben mehr als »Machen« ist! Das gilt für das eingegrenzte, behinderte Leben, das gilt ebenso für das Leben eines jeden. Nicht weil die »Kunst der Künste«, die Lebenskunst, abgelehnt würde, ganz im Gegenteil, sondern weil sie einer heilsamen und korrigierenden Erweiterung bedarf, soll sie im Licht des Glaubens betrachtet werden. Es gibt Grenzen unseres Verstehens und unserer Selbstbestimmung. Erst in einer geschenkten Selbstdistanzierung und Selbstauslieferung findet sich der Mensch ganz neu. Das gilt für jeden echten Akt der Liebe. Das gilt für jeden Schritt gelebter Hoffnung. Das gilt für jeden ernst gemeinten Akt des Vertrauens. Es gilt auch für ein Leben im Glauben an Gott, dass er den Menschen zur letzten Reife führt. Zugleich ist zu unterstreichen: Das Christsein zielt nicht auf irgendeine Spezialkunst neben anderen Lebensfertigkeiten ab, sondern meint einfach das recht gelebte Menschsein. Der christliche Glaube enthält, mit den Worten Papst Benedikts XVI. gesprochen, einen zentralen Handlungsauftrag: »Wir wollen die Kunst des richtigen Lebens ›üben‹ – wir wollen die Kunst der Künste, das Menschsein besser erlernen!«[1]

Tatsächlich geht es in diesem Buch um eine »Lebensführung am Rande des eigenen Vermögens«[2]. Das ist paradox, Wagnis genug und erlösend zugleich. Und ist es angesichts der vielen Lebensereignisse von gewährter Freundschaft und Versagen, Planung und Scheitern, Glück und Unglück, Liebe und Hass, Frieden und Gewalt, Gemeinschaft und Einsamkeit, erfüllter und unumkehrbarer Zeit nicht auch redlicher, Ausschau über unsere eigenen Möglichkeiten hinaus zu halten?

Das hiermit vorgelegte Buch stellt sich also einer *Grundlegung und Unterscheidung christlicher Lebenskunst* (1. Kapitel). Von hier aus eröffnet sich eine viel fundamentalere Frage: Wie kann es in einer Zeit, in der es kaum noch möglich ist, zu Sicherheit zu gelangen, noch elementare Sicherheiten geben, die Stand und Bestand für die eigene Lebensführung bieten? Wie können letzte Horizonte offengehalten werden? Der Weg zwischen einem (religiös) fundamentalistischen Trotz und einer alles verwischenden Gleichgültigkeit scheint schmal. Es ist die alte Frage nach der *Lebensweisheit*, als rechte Weise zu leben, die mehr als Wissen und Intelligenz verlangt, vielmehr ein »Schmecken« der Dinge, wie sie sind (2. Kapitel). Sie gewinnt allerdings erst dann an entscheidender Tiefe, wenn sie einen rechten Umgang mit dem knappsten Gut einer durch und durch ökonomisierten, digital beschleunigten Gesellschaft in den Blick nimmt, den *Umgang mit der Zeit*. »Unsre Tage zu zählen, lehre uns! Dann gewinnen wir ein weises Herz«, spricht der Psalmist (Ps 90,12). Heimliche und unheimliche Zeitmuster durchdringen unser Denken, Fühlen und Handeln. Sie gefährden jeden Versuch, einem glückenden Leben auf die Spur zu kommen. Was hat hier die jüdisch-christliche Botschaft von der »Heiligung der Zeit« für eine heilende Kraft auf das Gelingen des Lebens (3. Kapitel)?

Eine Lebensführung am Rande des Möglichen aus der Kraft des Glaubens hat sich ferner mit zwei weiteren unausweichlichen Lebensgegebenheiten abzumühen: mit den eigenen *Grenzen* und der *Vergebung*. Wie gehen wir mit dem um, was nicht zu übergehen ist, was uns begrenzt und Grenze ist? Woher kommt die Kraft, zu unseren Grenzen zu stehen oder sie zu übersteigen (4. Kapitel)? Was für eine Lebenswahrheit bricht sich Bahn in der Aussage »Wer nichts bereut, hat nicht gelebt! Wer nicht vergibt, hat keine Zukunft«? Ohne Vergebung und Versöhnung kann es auf Dauer weder menschliche Gemeinschaft noch Friede mit mir selbst geben. Was ist angesichts von Versagen und Schuld jenseits unseres »Machens« zuerst und am Ende zu erhoffen (5. Kapitel)?

All das verweist auf die grundlegende Haltung der Gelassenheit. Ohne sie wollen die Geduld erprobenden Schritte der Vergebung und die immer neu nötigen Schritte zur Annahme der aufgegebenen Grenzen kaum gelingen. Die Gelassenheit ist als »*christliche Gelassenheit*« kein Leben über dem Leben. Sie ist keine Weltflucht. Sie ist eine neue Art, das eigene Leben aus der Nähe Gottes zu übernehmen und zu gestalten (6. Kapitel). Eine erfüllte christliche Lebensgestaltung, so wird sich immer mehr zeigen, lebt aus einer »neuen Sicht«, der *Kontemplation*. Sie ist das Eintreten in die Gegenwart und pure Präsenz, die sich getragen weiß von der Präsenz Gottes. Sie liegt jenseits von Aktion und Passion, Tun und Erleiden. Das Besondere an dieser Präsenz scheint die Erfahrung eines Momentes innerer Verbundenheit mit Gott und allem zu sein. Dieser Moment erfüllt uns und zieht uns zugleich in das nackte und ungeschützte Hier und Jetzt. Das kann mit tiefer Freude und abgründiger Traurigkeit verbunden sein. Jedoch tragen solche Begriffe hier nicht mehr weit. Es kündet sich ein Leben an, ohne beherrschen und kontrollieren zu wollen, weit mehr als ein jedes Agieren und Machen, weit mehr als jedes Vermögen. Es ist Frucht aus der anderen Kraft des Glaubens (7. Kapitel).

Dieses Buch vollendet eine Trilogie zu einer gelebten christlichen Spiritualität, die auf Augenhöhe mit der Zeit ist.[3] Jede dieser Monografien steht für sich, spiegelt sich jedoch in der anderen. Nach einem Ringen um den »*Mehrwert des Christlichen*«, dem es vor allem zuerst um Gott geht, damit der Mensch seine wahre Größe nicht verliert, und der Freilegung der »*Herzmitte des christlichen Glaubens*«, des Erlösungsgeschehens mitten in uns und unter uns, schließt nun die Trilogie mit der Frage nach der »*Lebenskraft des christlichen Glaubens*« an der Grenze von Tat und Hingabe, von Aktion und Passion.

Möglicherweise ist es am Ende nicht ganz überflüssig zu betonen, was all diese vorgelegten Gedanken innerlich verbindet: »Christsein ist kein Regenschirm gegen das Unwetter der Wirklichkeit, sondern die Entdeckung, dass man im Regen tanzen kann.«[4]

Münster, im November 2012

Ludger Schulte OFMCap

I
Lebenskunst – die Kunst der Künste

Das Leben ist nicht beherrschbar! Dafür ist es im Entscheidenden nicht gedacht. Zu viel widerfährt, passiert, kommt über uns, bricht ein, ergreift uns, überrascht und überholt unsere Alltagspfade. Das Leben ist nicht unter Kontrolle zu halten. Wenn es gut geht, können wir unser Leben führen, den Widerfahrnissen, Einbrüchen, Überraschungen und dem Unplanbaren eine Richtung geben. Aber selbst unser Leben zu führen will noch gelernt sein!

> »Was fange ich mit so viel Leben an,
> da brauch ich ja einen, der leben kann,
> einen, der weiß, wie es geht.
> Was fängt man mit so viel Leben an,
> wenn man keinen kennt, der leben kann,
> keinen, der weiß, wie es geht.«

So singt die Berliner Band »Mathilda« über einen Mann, der vom Arzt zu hören bekommt, dass er noch mehr als 70 Jahre zu leben hat.[5] Das scheint ihm einfach zu viel: »Was fang ich mit so viel Leben an, da brauch ich ja einen, der leben kann, einen, der weiß, wie es geht.« Im Lied tröstet ihn seine Frau und hofft: »Es wird schon nicht so schlimm kommen, vielleicht irrt sich der Arzt und es ist früher vorbei. Ich gehe mit dir durch dick und dünn und lasse dich nicht im Stich!« Und siehe da, der Schrecken wird nicht geringer:

> »Was fange ich mit so viel Liebe an,
> da brauch ich ja einen, der lieben kann,
> einen, der weiß, wie es geht.
> Was fängt man mit so viel Liebe an,
> wenn man keinen kennt, der lieben kann,
> keinen, der weiß, wie es geht.«

Wer nun meint, genügend Kummer für diesen Mann, der wird eines Besseren belehrt. Den Mann erreicht zum Pech noch das große Glück eines Lottogewinns. Der Refrain lautet nun:

»Was fange ich mit so viel Freiheit an,
da brauch ich ja einen, der frei sein kann,
einen, der weiß, wie es geht.
Was fängt man mit so viel Freiheit an,
wenn man keinen kennt, der frei sein kann,
keinen, der weiß, wie es geht.«

Leben, Liebe, Freiheit, die großen Wünsche des Menschen. Doch wie geht's? Um Antworten scheint es keine Verlegenheit zu geben. Ein Blick in die Fernsehprogramme zeigt, wo überall Fachleute gefragt sind: Ernährungsberatung, Erziehungsberatung, Schuldnerberatung, Rechtsberatung. Vom Kochkurs bis zum Coach, ganz zu schweigen von den zahlreichen Talkshows, in denen alle möglichen Themen von Beziehungsgestaltung über Lebenseinstellungen abgehandelt und noch die asozialsten Neigungen vor laufender Kamera in Szene gesetzt werden. Wer hier hinschaut, ist nicht einfach voyeuristisch veranlagt, nein, es ist ein Hinweis dafür, dass der Orientierungsbedarf für die alltägliche Lebensgestaltung gewachsen ist. Die Anzahl der Selbstmanagement- und Lebenshilfebücher ist rapide gestiegen. Viele Zeitschriften und Magazine greifen das Thema »Lebenskunst« in seinen unterschiedlichen Facetten auf. Es sind neue Berufszweige entstanden wie etwa Supervisoren, philosophische Praxisberater oder Coaches, um den beruflichen Anforderungen zu entsprechen und das professionelle Handeln zu optimieren im offenen Businesswind. Dass Lebensführungskompetenz eine Aufgabe ist, die einem nicht in den Schoß fällt und heute mehr denn je vonnöten ist, darauf weisen psychologische und sozialpädagogische Beratungsstellen hin. Die Skala der Angebote und Therapien ist fast unübersehbar.

Das ist der Hintergrund, der es verständlich macht, weshalb Lebensgestaltung zunehmend mit einer besonderen Befähigung in Verbindung gebracht wird: mit der Lebenskönnerschaft oder eben Lebenskunst. Nicht immer ist klar, was damit gemeint ist.[6] Was halten Sie von einer halb ironischen und halb ernst gemeinten Buchrückenwerbung wie dieser?

»Wie Sie erkennen, dass Sie sich mit dem Versuch, eine Riesenkarriere, jede Menge Kinder, absolute Unabhängigkeit, großen Reichtum, strahlende Schönheit, umfassende Geborgenheit, ewige Jugend, zügellosen Sex und ein bequemes Leben unter einen Hut zu bringen, ein wenig viel abverlangen – und wie Sie es mit fröhlichem Durchwursteln und einer Portion Kreativität schaffen können, einiges davon doch noch zu bekommen.«

Was »Dr. Ankowitschs kleiner Seelenklempner«[7] zu bieten hat, klingt doch ganz locker und Erfolg versprechend gegenüber den vielen Zwangsveranstaltungen zum richtigen Leben, und doch soll am Ende schon auch was rauskommen fürs Geld.

Manche verbinden mit der Lebenskunst die Vorstellung eines findigen Überlebenskünstlers, der sich unter widrigen Umständen erfolgreich durchschlägt und sich mit minimalen Einkünften und schwierigsten Verhältnissen arrangiert. Andere einen Virtuosen des Lebensstils und der Lebensqualität. Hier steigt der Michelin-Lokal- und Weinführer zur ersten Quelle der Orientierungshilfe auf. Wieder andere assoziieren einen Menschen des Anstands und Takts im Sinne der französischen Tradition des *savoir vivre*. Literarisch hochfeine Gedanken über Manieren und der neue Kniggekult gehören in dieses Umfeld. In der Antike und bis zum Beginn der Neuzeit stand der Begriff »Lebenskunst« für die »technê tou biou« oder »ars vivendi«. »Er bezeichnet eine Umformung der Persönlichkeit, die Entwicklung wünschenswerter Eigenschaften und die Gewinnung einer angemessenen Lebenshaltung.«[8] Sie war meist eng mit der »ars moriendi« – der Kunst des Sterbens – verbunden. Denn leben kann nur der, der auch um sein Sterben weiß. Diese Sicht war bis zum Ende des Mittelalters für Theologie und Philosophie die maßgebliche.[9] Gegenwärtige Adaptionen dieser Traditionen gibt es zahlreiche. In den letzten Jahren hat sich deshalb neben Apothekenzeitungen, einschlägigen Magazinen und Internetforen eine sehr ernstzunehmende philosophische Debatte entwickelt. Sie fragt, was Lebenskunst unter dem Vorzeichen der Spät- bzw. Postmoderne, der Globalisierung und Totalökonomisierung bedeuten könne und welche Stellung ihr zukommt.[10]

In den Beiträgen zur Lebenskunst lassen sich vereinfachend zwei Typen ausfindig machen. In einer eher *theoretischen Hinsicht* geht es darum, Begriffe zu klären, Illusionen offenzulegen, die menschliche Verfasstheit in den Blick zu bekommen und heutige Lebensbedingungen aufzudecken. In *praktischer Hinsicht* geht es um Tipps und Tricks, um konkrete Techniken, um Übungen der Selbstwahrnehmung, Selbstformung und Selbstbestimmung. Gerade hier scheinen der Kreativität der Hinweise keine Grenzen gesetzt. Beiden Typen liegen ausgesprochen oder unausgesprochen variierende Bilder vom Menschen zugrunde. Stand in der antiken Philosophie die Vorstellung einer Wesensrealisierung im Vordergrund: »Werde der, der du bist«, der Bildhauertypus, so herrscht seit der Neuzeit das Konzept der Selbsterschaffung vor: »Erfinde dich selbst«, der Comic- oder Avatartypus. In der Ratgeberliteratur können die Werde-der-du-bist-Konzepte oder Erfinde-dich-selbst-Modelle auch ineinander verschoben sein. Über Grenzen und Möglichkeiten dieser Modelle aus christlicher Sicht werde ich an späterer Stelle sprechen.

Zunächst gilt es nach den unausweichlichen menschlichen Vorgegebenheiten der »conditio humana« zu fragen, die hinter all diesen hilfreichen und häufig auch aberwitzigen Versuchen, dem Leben auf die Spur zu kommen, stehen.

Zwischen Finden und Erfinden

Der Mensch entkommt grundlegenden Spannungsverhältnissen nicht: Macht und Ohnmacht, Kontrolle und Unkalkulierbarkeit, Gesundheit und Krankheit, Aktivität und Passivität, also Tun und Erleiden. Selbst noch zu diesen Grundspannungen muss er sich ins Verhältnis setzen, also sich entscheiden. Damit ist gesagt, er muss nicht nur sehen lernen, was »ist« – herausfordernd genug in Zeiten des Überspielens, Verdrängens –, sondern er muss für sich zu dem, was »ist«, auch eine Bedeutung finden. Was bedeutet es, mächtig und ohnmächtig zu sein, gesund und krank, lachend und weinend? Der Mensch kann die Suche nach einer dahinter liegenden Bedeutung verweigern. Er kann fatalistisch die Hände in den Schoß legen und zu sich sagen: »Es ist, was es ist!« – Aber aus welcher Erkenntnis und Kraft sage ich das? Er kann den Fanatismus des Augenblicks beschwören: »Uns bleibt nur die Gegenwart, die Vergangenheit holen wir nicht mehr ein, von der Zukunft wissen wir zu wenig!« Aber bestimmt sich das Leben nur nach der Qualität der Momente oder fragen wir nicht zugleich, was dieser Moment im Ganzen, angesichts meiner Vergangenheit und Zukunft, zu bedeuten hat?

Viele Fragen bleiben: Welchen Sinn messe ich der Unumkehrbarkeit der Zeit bei, die alles ins Einmalige, Unwiederholbare versetzt? Welchen Sinn hat es, dass wir vieles an unserer Existenz und das Gesamt von Geschichte und Welt weder kontrollieren noch überschauen können? Woran richte ich mein Leben aus? Woran orientiere ich mich? Aber auch: Was motiviert mich zu leben? Das sind große Fragen. Vielleicht zu groß, weil wir kaum Worte finden, sie zu beantworten, noch seltener (Zeit-)Raum, um nach verlässlichen Antworten zu suchen und uns mit anderen darüber auszutauschen. Vielleicht, weil wir uns noch schlicht auf der Suche befinden und uns wenig Antworten zutrauen, bis dahin, dass viele nur noch unterwegs sind, Pilger ohne Ziel – »Schauen wir mal, was sich so ergibt«, »Du kannst mich ja noch einmal anrufen, vielleicht melde ich mich noch« – als Grundprinzip alltäglichen Handelns.

Freiheit, die herausfordert

Eines ist jedoch offensichtlich: Ich komme nicht darum herum, ich kann es drehen, wie ich will, es ist jeden Tag dran: *Ich muss mich entscheiden,* im Großen und im Kleinen, welche Richtung mein Leben nehmen soll. Ich kann das alles offenlassen wollen, aber auch das ist eine Richtungswahl. Ich kann mein Leben laufen lassen bis dahin, dass es sich verläuft, ins Beliebige und Nichtige zerrinnt. Wir geben im Alltäglichen mehr Antworten, als uns bei ruhigem Nachdenken lieb sein wird. Deshalb gilt es, sich vor Augen zu führen: Der Mensch lebt nicht einfach, nein, es macht seine Größe und nicht geringe Last aus, sich die Frage zu beantworten: *Welches Leben will ich führen?*

Wer nicht von seinen oft einander widersprechenden Gefühlen, Triebregungen, Impulsen und Bedürfnissen hin und her gezerrt werden will, der muss beginnen, sein Leben bewusst zu gestalten. Auch der muss sein Leben bewusst in die Hand nehmen, der sich nicht einfach den sozialen Normen, gesellschaftlichen Ansprüchen oder den Erwartungen anderer Personen ausliefern will. Dazu bedarf es der Fähigkeit und der Notwendigkeit innezuhalten, nachzuspüren, nachzusinnen und demgegenüber Stellung zu beziehen, was einem passiert. Erst dann ist es möglich, seinem Leben eine Gestalt zu geben, die über die einzelnen Turbulenzen und Schwankungen hinweg »relativ« stabil ist.

Natürlich geht eine solche Sicht auf das menschliche Leben davon aus, dass der Mensch trotz aller biologischen, psychischen, sozialen und kulturellen Determinationen und Bestimmungen ein Wesen ist, das in gewisser Hinsicht frei ist. Gerade das Phänomen der »Qual der Wahl« zeigt, dass der Mensch nicht hinreichend durch seine Triebe, Instinkte und durch seine Erziehung bestimmt ist. Stattdessen müssen alle Menschen Entscheidungen treffen.

Doch welche Kriterien und Maßstäbe stehen einem hierzu zur Verfügung? »Glückendes Leben«? »Gutes Leben«? – Was sind das für Sternwörter im Planetarium unserer Lebensentwürfe? Zwischen diesen beiden Zielvorstellungen können schon Welten liegen. Das eine ist die Frage nach dem Glück, das andere nach dem Guten, also nach der Moral. Geht es mir zuerst darum, dass es mir gut geht oder dass ich gut bin? Das ist eine Richtungswahl! Was meint demgegenüber eine vorsichtigere und reduzierte Zielvorstellung wie »gelingendes Leben«? Was ist »Gelingen«, trotz oder gerade wegen der Rohrbrüche im Lebenshaus? Umfasst das »gelingende Leben« nur den Umgang mit sich selbst, also eine authentische Lebensführung, oder nicht auch die Beziehung zu anderen Menschen und zur Welt im Sinne der Umwelt und Schöpfung?

Kein Mensch entkommt der vierfachen Gleichursprünglichkeit des Lebens. Sobald ICH da bin (Subjekt) (und das bin ich ja schon, noch bevor ich es verstehe, dass ich da bin), stehe ich in einer bestimmten Zeit (Geschichte), in einer bestimmten sozial-mitmenschlichen Verfasstheit (Gesellschaft) und unter physikalischen, biologischen Vorgaben, es klopfen Triebe, Bedürfnisse, Gefühle an, d. h., ich bin der Natur eingefügt. Wie kommt all das ins richtige Verhältnis? An den vier Dimensionen (Subjekt, Zeit, Gesellschaft, Natur) bricht zugleich die Urfrage des Menschen nach dem Grund

und Ziel von alldem auf. Ist es möglich, als Mensch sich diese Frage zu verbieten? Ist es möglich, die Frage nach Grund und Ziel als irrsinniges Bewusstsein der Evolutionsgeschichte des Homo sapiens sapiens zu diskreditieren? Wer dies zu glauben meint, hat bereits eine interpretierende Entscheidung gefällt. Denn es legt sich aus etlichen Gründen die Vermutung nahe, dass erst mit dem Bezug zum Grund und Ziel von Subjekt, Geschichte, Gesellschaft und Natur »gelingendes Leben« gelingen kann. Religiös gewendet, lautet die Frage so: Ist Gott als Schöpfer und Erlöser der Schlüssel zu meiner Existenz, zu der Geschichte, in der ich mich vorfinde, zum Miteinander der Menschheitsfamilie und meiner Mitgeschöpflichkeit? Wie ich hier bewusst oder unbewusst entscheide, verändert meine Lebensführung!

Die heimlichen Offenbarungen des Alltäglichen

Im Alltag stellt sich die Herausforderung zum »gelingenden Leben« ungeachtet der vielen Fragen fast schon auf banale Weise: »Stehe ich auf oder bleibe ich liegen?« – eine solche Frage ist was für pubertäre Gemüter, die noch nicht in der Wirklichkeit angekommen sind, sagt der Realist. »Stehe ich auf oder bleibe ich liegen?« – das ist etwas für Sonntagslaunige, denkt der erholungsbewusste Freizeitexperte. »Stehe ich auf oder bleibe ich liegen?« – das ist bei ständiger Wiederkehr dieser Frage ein Indiz für abgründigere Antriebslosigkeit, für Sinnmangel. »Da ist nichts, was bewegt«, sagt der psychologisch Spürsinnige.

In der Regel sind natürlich die Würfel in vielen alltäglichen Lebensfeldern gefallen. »Der Wecker klingelt und ich stehe auf!« Jedoch: »Stehe ich auf oder bleibe ich liegen?« Das ist ja nicht einfach nur die morgendliche Bettgeschichte. »Stehe ich auf oder bleibe ich liegen« gilt für vieles mehr in meinem Leben. Es geht um die Kraft und die Hoffnung, sein Leben anzugehen.

Egal, wie wir mit einer solchen alltäglichen Frage umgehen, wir müssen uns entscheiden oder eine bereits gefällte Entscheidung erneut vollziehen und – wenn wir den Mut haben – die Frage stellen: Will ich dieses Leben führen, das ich alltäglich führe? Ist es das?

»Lebenskunst« ein Signalwort unserer Gegenwart

Diese Fragen zu beantworten fällt uns heute schwerer als noch vor vierzig Jahren. Denn je weniger gesellschaftlich normiert ist, umso mehr muss ich wählen und damit selbst verantworten. *»Das musst du für dich entscheiden«* – der von Konventionen und Monopolen entfesselte Mensch empfindet diesen Satz mittlerweile eher als Bedrohung denn als Verheißung. Wer zwischen dreißig kaum durchschaubaren Stromtarifen und noch mehr Lebensmodellen wählen kann, den befällt mehr Lähmung als Bewegung. Wir haben maximale Handlungsfreiheit, fast nichts muss lebenslänglich halten – nicht die Beziehung, nicht die Berufswahl, schon gar nicht das Zeitungsabonnement. Bastelbiografie, Patchwork, Lebensabschnittgefährten – die Worte klingen leicht und spielerisch wie die Diätmargarine »Du darfst«; die Wirklichkeit, die sie beschreiben, ist anstrengend. »Es gibt nichts objektiv Richtiges mehr. Die traditionellen moralischen Instanzen – die Kirchen ebenso wie Günter Grass – haben ihren Einfluss auf unser Leben verloren.«[11] Orientierungshunger wird bei Coaches und Ratgeberautoren gesättigt, nicht bei institutionalisierten Mahnern. Hier wird Entlastung erhofft. Der Lebensrat ist ein großer Markt. Er füllt in großen Buchhandlungen eine ganze Abteilung. Diese heißt auch hier neuerdings: Lebenskunst. Dort gibt es Publikationen zum korrekten Gebären, Erziehen, Streiten, Sterben, Vererben und vieles mehr.

Eberhard Schockenhoff und Christiane Florin parodieren unsere Wahlgesellschaft in ihrem lohnenden Buch über das Gewissen:

> »›Sie haben die freie Auswahl!‹ Der alte Losverkäufer-Lockruf hat alle Bereiche des Lebens erobert, den Konsum, aber auch das Glauben, Lieben, Hoffen. Gestern Buddhismus, heute Kabbala, morgen Jakobsweg. Vor einer Minute RTL, jetzt ARD, gleich D-Max. Leben nach dem Zapping-Prinzip. Man bleibt bei irgendeinem der hundert Kanäle hängen, schaut kurz hin, drückt die Pfeiltaste der Fernbedienung, wieder und wieder, bis irgendwann der Schlaf das Programm festlegt. Am Morgen danach ist nicht mehr klar, ob gestern der Gerichtsmediziner ein Mordopfer obduzierte oder ein Bauer die Frau fürs Leben suchte. Von 100 Programmen auf Null-Erinnerung in wenigen Stunden.«[12]

Die Handlungsoptionen – kaufe ich nun den Fruchtaufstrich Kiwi-Bio-Banane oder die Marmelade Chili-Kirsch? – nehmen in allen Lebensbereichen zu. Mit dem Überangebot steigt jedoch auch das Gefühl der Überforderung. Die Marktforschung hat bereits die Gratwanderung zwischen inspirierender und abschreckender Vielfalt erkannt: Kunden, die zwischen sechs Marmeladensorten wählen können, greifen eher zu als diejenigen, die sich mit 24 Variationen konfrontiert sehen. Orientierungsverlust ist ein zentraler Stressfaktor.

»Drei Viertel der Deutschen geben in Umfragen an, sie seien irgendwie gestresst, vom Job, von der Beziehung, von den Medien, von allem zusammen. Unter Druck stehen der Arzt wie der Arbeitslose, der Manager wie die Mutter.«[13]

Verdammt zum Glück

Deuter unserer Gegenwart haben unsere Gesellschaft berechtigterweise als Optionsgesellschaft beschrieben. Eine Wahlgesellschaft, die für ihre Mitglieder unendlich viele Entscheidungs-, Konsum- und Eventmöglichkeiten bereithält und zunehmend weniger gemeinsame Orientierung. Die Imperativ lautet: »*Mach was draus!*« Aber was? »Jeder ist seines Glückes Schmied!« Ist er das? Die Folge ist: »Dann bist du halt selber schuld, wenn es schiefgeht!«

Wenn es wenig Möglichkeiten gibt, muss ich mich damit arrangieren (das galt z. B. für die Nachkriegsgeneration; das gilt für die Menschen, die ökonomisch nicht auf der Gewinnerstraße leben; das gilt für mehr als eine Milliarde und 200 Millionen Menschen, die nach dem neuesten UNO-Hungerbericht täglich Hunger leiden). Gibt es dagegen sehr viele Möglichkeiten, muss man umgekehrt das Vorhandene *für sich* arrangieren (das kann auf Dauer ebenfalls sehr anstrengend werden).

Aufs Konkrete angewandt: Mit wem oder mit was verbringe ich das kommende Wochenende? Je jünger jemand in unserer Gesellschaft ist, umso komplizierter fällt die Antwort aus. Wen rufe ich an? Wohin fahre oder fliege ich? Welche Party, welches Konzert besuche ich? Wann und was sollen wir essen? Wo läuft was? Wo laufe ich? Verkehrsmittel, Informationsmedien, Internet und die Verbindungshandschelle Handy öffnen viele Wahlportale. Das Viele kann sehr mühsam werden bis dahin, dass man sich lieber frustriert zurückzieht. Doch das wird nicht so lange andauern, denn das Gefühl, unbedingt dabei sein zu müssen, und die Angst, etwas zu versäumen, peitschen in das offene Feld der neuen Unübersichtlichkeit.

Dieser Stress, der sich Wochenende für Wochenende bei vielen Jugendlichen und auch Erwachsenen ereignet, basiert auf größeren kulturgeschichtlichen Entwicklungen, die zunehmend zur Herausforderung für die gesamte gegenwärtige und zukünftige Gesellschaft werden.[14]

Zwischen den Stühlen
Da die sittliche Autonomie, sprich die Selbstbestimmung des Menschen, seit der Neuzeit zum Normalfall wird und Fremdbestimmung (Heteronomie) per se mit einem negativen Vorzeichen versehen wird, kommt es zu einer immer größeren Infragestellung kollektiver Normen. Das Individuum wird so zum Bezugspunkt für sich selbst (Authentizismus)[15] und die Gesellschaft. Nicht die Gemeinschaft steht im Vordergrund, sondern was die Gemeinschaft für den Einzelnen zu bieten hat. Dem Einzelnen wird keine große Erzählung mehr angeboten, in der er sich über sich selbst verständigen könnte, sondern er muss sich immer mehr selbst seine biografische Synthese schaffen. Diese Individualisierung hat ihre Voraussetzung in den Modernisierungsschüben, die einen sich steigernden funktionalen Differenzierungsprozess hervorrufen. Wissenschaft und Technik geben ganz neue Chancen und bergen ganz neue Gefahren.

Die Folge: Das Individuum bewegt sich im Spannungsfeld
- *zwischen der Abschwächung normativer Verbindlichkeiten und der Notwendigkeit kollektiver Verständigung und Orientierung:* Um ein friedliches Zusammenleben zu ermöglichen und um vom Menschen selbst verursachte, die menschliche Existenz bedrohende Gefahren zu vermeiden, müssen individuelle Ansprüche und gemeinschaftliche Notwendigkeiten vermittelt werden. Schon in Partnerschaft und Familie gibt es scheinbar nur noch »verhandelte« und immer neu zu verhandelnde Orientierung.

Wie soll hier Leben gehen? Autonomie und Selbstbestimmung bedrohen die soziale Verantwortlichkeit.
- *zwischen gestiegenen Wahl- und Gestaltungsmöglichkeiten und Manipulierbarkeit* (durch Medien, Werbetechniken, verdeckte psychologische Steuerung). Die Stichworte lauten dann: »Entzauberung« (alles scheint durchschaubar, so kann evolutionstheoretisch »Liebe« als ein biochemisches Ereignis zur Weitergabe der Gene für die neue Population betrachtet werden), »Entfremdung« (wer am Ende sich nur von sich her verstehen kann, dem sind die anderen und das Andere fremd; er wird zum Autisten) und »Ökonomisierung« (für wen sich die wohlfahrtsstaatliche Rundumversorgung in den rauen Wirtschaftskampf eines flexiblen Kapitalismus verwandelt, dem ist das absolute, allzeit reaktionsfähige Selbstmanagement aufgebürdet). Dann stellen sich die Fragen: Welcher Wirklichkeit darf ich trauen? Wie schnell muss ich sein? Worauf kann ich das Leben bauen?

In dieser gesellschaftlichen Großwetterlage beginnt die Suche, wie »mein Leben« möglich ist: wenn nicht in allem glücklich, wenigstens gut; wenn auch nicht in allem gut, wenigstens gelingend! Dies geschieht in einem offeneren Feld als je zuvor. So entsteht mit massivem Druck die Frage: *Wer kennt einen, der sich da auskennt?*

Verlust der Maßstäbe und verlorene Lebenskunst
Philosophische Vordenker wie Michel Foucault behaupten, die Moderne sei die Epoche der verlorenen Lebenskunst: Während die Zahl der individuellen Wahloptionen in der Neuzeit gewaltig angewachsen sei, sei die Kultivierung der Wahlfähigkeit mehr und mehr verkümmert.[16] Vielleicht muss kritisch ergänzend hinzugefügt werden, dass uns nicht nur die Kultivierung der Wahlfähigkeit, sondern vor allem der Verlust der Maßstäbe bedrängt. Nicht wenige haben alte Bindungen gelöst und kaum neue, tragfähige gefunden. Wir befinden uns in einem großen kulturellen Transformationsprozess, in dem sich alte Orientierungsmuster wie z. B. der Glaube, Institutionen wie Glaubensgemeinschaften, aber auch die Auffassung von Bürgerlichkeit und Staat in neue Formen übersetzen müssen. Solange dies noch unzureichend oder gar nicht gelingt, befinden wir uns in einem diffusen Übergangsprozess.

Orientierung ohne Gesamthorizont?
Der gegenwärtige Hauptstrom der seriöseren (philosophischen) Lebenskunst geht von der Freiheit des Menschen aus, reflektierend sein Leben zu leiten, *ohne* jedoch von einem letzten, allen gemeinsamen Sinnhorizont auszugehen. »Es geht darum, die Fähigkeiten des Individuums zu stärken, sein Leben eigenverantwortlich und selbstbestimmt zu führen. Es geht um die Einmaligkeit des Einzelnen, nicht allgemeine Vorgaben im Sinne naturrechtlicher oder teleologischer Bestimmung. Nicht normativ, sondern optativ«, so lauten die diskussionswürdigen Thesen von Werner Schmid, einem der bekanntesten Vorreiter philosophischer Lebenskunst.[17]

Ziele einer Lebenskunst sind unter dieser Voraussetzung:
- Dass das Individuum wieder Orientierung findet;
- dass die gewonnenen Einsichten auch praktisch im Handeln umgesetzt werden können;
- dass Individualität und Sozialität miteinander vermittelt werden, damit Zusammenleben möglich ist;
- dass die Lebensbedingungen im Dienste einer guten und gelingenden Lebensführung gestaltet werden;
- dass mit den Lebensgrundlagen entsprechend achtsam umgegangen wird.

Das Anliegen der Lebenskunst ist integrativ, es umfasst:
- Erkennen
- Motivation
- Lebbarkeit
- Moral
- Sozialethisches und ökologisches Verantwortungsbewusstsein.

Dabei gilt für Werner Schmid z. B. durchgängig der Anspruch der Selbstverpflichtung anstatt eines heteronomen Drucks auf den Einzelnen. Der Geltungsgrund für orientierende Maßstäbe und konkrete Entscheidungen soll im Subjekt selbst liegen.[18]

Trend »Lebenskunst« – christlich befragt

An dieser Stelle erheben sich für einen Christen, aber ebenso für nicht wenige andere Denker erhebliche Einwürfe[19], da sie davon überzeugt sind, dass sich orientierende Maßstäbe nicht nur im eigenen Selbst finden. Darf und kann ich den anderen tatsächlich nur auf mich und mein Selbstverständnis hin verstehen? Bleibt mir eventuell gar keine andere Möglichkeit? Hat er keine eigene Hoheit und damit eine mich verpflichtende Würdigkeit? Wenn gilt:

> »selbst das geglückteste Für-sich- und Bei-sich-selbst-Sein (…) kann menschliche Gegenwart nicht ersetzen. Sie ist in einem Leben durch nichts zu kompensieren. Wo sie praktisch fehlt, fehlt auch die Lebensbefähigung.«[20]

Wäre dann nicht Lebenskunst vor allem als »Kunst der Lebensteilung« mit anderen zu verstehen?[21] Hier scheint ein kritischer Nerv so mancher, auch populärer, postmoderner Lebenskunstlehre getroffen, die der Authentizität eine letzte Maßstäblichkeit geben.

Konkret angewandt: Wenn z. B. Politiker sich dem Wahlvolk von der ehrlichen Seite präsentieren wollen, so erklären sie zu später Stunde bei Johannes B. Kerner: »Ich habe Fehler gemacht, aber ich stehe dazu.« Ein solches ehrliches Eingeständnis verleiht einer führungsstarken Persönlichkeit ein menschliches Gesicht. Sie punktet. Ein solches Bekenntnis wird positiv vermerkt und als »authentisch« eingeordnet. Die Fehler zu bereuen, wäre dagegen Schwäche. Öffentliche Reue wird allenfalls von Tätern, nicht aber von Machern erwartet. Der Haken ist, dass das Handeln des Politikers andere betrifft. Das kommt gar nicht mehr in den Blick und wird kaum angesprochen. Wie anders wäre die Aussage: »Es tut mir leid und ich bitte um Vergebung.« Darin liegt eine Bitte, ein Appell an die Freiheit des anderen. Wer Schuld eingesteht, macht sich abhängig von der Reaktion des anderen. Dann erst ist der andere wirklich ein Maßstab meines Handelns geworden.

Mehr als Selbstwahl

Wo Lebenskunstkonzeptionen vom Gedanken der Selbstwahl ausgehen, d. h., dass ich meine Art zu leben wählen muss und dazu nur ich selbst die Maßstäbe habe, da liegt die Gefahr des Mythos der Selbsterschaffung (Autopoiesis) nicht fern – wenn nicht des heroischen, so vielleicht des verzweifelten (»Wenn mir keiner mehr sagen kann, wie leben geht, muss ich halt irgendwas mit mir anfangen!«).[22]

Auch wenn von Autoren wie Werner Schmid, die diese Sicht der
»Selbstwahl« vertreten, durchaus eingeräumt wird, dass das Unverfügbare nicht eliminiert werden kann,[23] so hat dies doch keine
durchschlagende Bedeutung für die Sinnhaftigkeit der Lebensführung. Was aber bedeutet ein Hirntumor oder ein Lottogewinn, der
Einfall der Liebe für die Art, wie wir mit unserem Leben umgehen?
Was sagen da schon solche endlichkeitsphilosophischen Gemeinplätze und alltagsethischen Binsenwahrheiten – das Leben ist begrenzt, nutze den Tag; pflege Freundschaften; akzeptiere Abhängigkeiten; überlege, bevor du handelst; überprüfe gelegentlich deine
Ziele und Wichtigkeitsüberzeugungen; Glück gibt es nur im
Unglück, Gesundheit nur mit Krankheit; mache es dir nicht zu
leicht; lerne, dich selbst zu beanspruchen; usw. usf. – unter Ausschluss der Frage nach Ursprung und Ziel des Lebens? Was soll das
alles ohne die Suche nach einer Entsprechung zu dem, was größer
ist als ich? Oder gibt es nichts Größeres mehr als mich? Ein seltsamer schaler Nachgeschmack bleibt hinter all diesen Balanceakten
des Lebens!

Unterscheidung ist nötig

»Wie soll man leben?« Wie zu sehen ist, kann diese Frage auf
unterschiedlichen Ebenen beantwortet werden. Die Philosophin
Ursula Wolf weist fünf verschiedene Niveaus aus, die ein wenig
Ordnung in das Lebensrat- und Lebenskunstangebot bringen
können.[24] Für Wolf stellt sich jedoch erst auf der letzten und fünften, der existenziellen Ebene, der Kern des Problems eines gelingenden Lebens.
Sie unterscheidet:
- die Ebene des praktischen Überlegens, gegeben durch konkrete Beziehungen, Neigungen, Umstände usw.
- die Ebene der kritischen Reflexion und Bewertung dieser Faktoren
- die Ebene der Bewertung eigener und sozialer Werte und Ideale
- die Ebene der Klärung der wichtigsten Lebensbereiche
- die existenzielle Ebene, die durch die Sinnfrage erreicht wird.

Selbstverständlich braucht niemand bei der richtigen Wahl des
Stromtarifs auf die existenzielle Sinnfrage zu rekurrieren, obwohl sie
durchaus aufbrechen kann, wenn vor lauter Bäumen kein Wald

mehr sichtbar ist, liegt die Überforderung nicht fern. Wir können unsere To-do-Listen jeden Tag mit Erfolg abarbeiten, ob wir jedoch je zu einer ausgereiften, menschlichen Lebensführung gelangen, steht dahin.[25]

Lebenskunst und Menschenbild

Bei der Mehrzahl von Lebenskunstmodellen entsteht der Eindruck, das Leben sei ein Kunstwerk und ich selbst der Künstler.[26] Das kann richtig und falsch verstanden werden. Entweder bin ich der Meinung, dass ich, wie jeder andere Künstler auch, kreativ mit Vorgaben umgehen muss, die mein Selbst weit übersteigen, ja mich ergreifen und bestimmen. Ein solcher Künstler arbeitet nicht nur an seinem Werk, sondern das Werk arbeitet auch an ihm. Oder ich bin der fantastischen Überzeugung, dass ich mich in jeder auf mich neu zukommenden Situation durch meine Stellungnahme gleichsam selbst erfinde und neu definiere.

Aus christlicher Sicht ist bei jedweder Rede gegenwärtiger Lebenskunst, die von einer »aufgeklärten Selbstwahl« (Schmid) ausgeht, zu klären, ob eher die Vorstellung einer *Wesensrealisierung* oder eher die einer *Selbsterschaffung* zugrunde liegt. Gilt *»Werde der, der du bist!«* oder das seit der Neuzeit favorisierte Modell *»Erfinde dich selbst!«*? Welches Bild vom Menschen liegt welchem Entwurf zugrunde? »Wir erschaffen uns nicht und wir erfinden uns nicht; wir widerfahren uns«, sagt der Kieler Philosoph Wolfgang Kersting in seiner *philosophischen* Kritik der Lebenskunst.[27] Aber was widerfährt uns da? Auch aus christlicher Sicht erfindet sich der Mensch nicht selbst. Er kann es gar nicht und er muss es auch nicht. Er findet sich vor, vor allem, er findet sich im Größerem wieder!

Das Unbedingte wählt uns

Denn grundsätzlich gilt für die christliche Sicht der Dinge: Religiöse Überzeugungen sind ja nicht das Ergebnis einer freien Auswahl aus vielen vorgegebenen Möglichkeiten. Das ist der Irrtum derer, die meinen, Religion durch gutes Zureden unter die Leute bringen zu können. Wertüberzeugungen, vor allem auch der religiöse Glaube, entstehen durch ein Hingerissensein, durch ein Überwältigtwerden, das seine eigene Evidenz hat. Der religiöse Glaube wird vom Gläubigen gerade nicht als Knebelung erfahren, sondern als ein tiefes und beglückendes »Zu-sich-selbst-Kommen«. Die Erfahrungen einer gelingenden menschlichen Partnerschaft, Freundschaft oder Liebe, in denen ich ja auch in gewissem Sinne »mich überschreite«, sind dafür die nächsten Parallelen.[28]

Sinnfindung und Sinngebung ist ein subjektiv-objektiver Prozess. Zu ihm gehören Überraschung, Herausforderung, ein Sicheinlassen in Vorgaben. Ich bin jedoch frei, genau diese Bewegung über mich hinaus zu wählen oder abzublocken. Die jüdisch-chassidische Tradition hat diese Bipolarität in die Weisheit gefasst: »Du wirst des Weges geführt (passiv), denn du wählst (aktiv).« Erst diese Spannung führt zur echten Lebenskunst.

Sinn im großen Sinn

Darüber hinaus ist es christliche, bestreitbare Überzeugung: Wir sind weder Zufallsprodukte noch Blindgänger. Jeder ist ein Original, keiner eine Kopie. Für unseren Sinn garantieren nicht wir, sondern Gott selbst. Deshalb dürfen wir auch vor ihm klagen, mit ihm rechten, aber noch mehr von ihm erhoffen. Mit jedem hat Gott etwas Besonderes vor. Dieser einmalige Wille Gottes mit uns macht den Funken unseres Lebens aus, der unser ganzes Leben licht machen will. Wer mit diesem inneren und führenden Kern seines Lebens in Berührung kommt, handelt aus seiner Mitte und findet Lebensbalance, die nicht ein gut klimatisiertes Leben meint, sondern eine Lebensgestaltung aus einer beständigen Aufmerksamkeit zu Gott und seinen gutem Willen für diese Welt hin. Von diesem göttlichen Ruf in meinem Leben zu wissen, daran auch bei aller Widerständigkeit festzuhalten und immer tiefer »hinein zu glauben und hinein zu vertrauen«, kann unseren Tagen mehr Leben geben, ob wir jung sind oder hochbetagt, erfolgreich oder ein Pechvogel, unbefangen oder von tiefer Verletzung gezeichnet. »Liebe deine Geschichte!«, sagt Leo Tolstoi. »Sie ist der Weg, den Gott mit dir gegangen ist.« Er wird sie, wohl nicht ohne dich, aber über dich hinaus vollenden.

Glück und gelingendes Leben sind für Christen
- eher Frucht von Selbstvergessenheit als von Selbstbeobachtung
- eher eine Begegnung mit einem anderen als mit sich selbst
- eher Widerfahrnis als verfügbare Erfahrung.

Das heißt nicht, dass in alldem Selbstwahrnehmung, Selbstwerdung, ja erfülltes Lebens nicht spürbar sind, aber dies nur als sekundäre Zugabe der Hingabe an die überwältigende Wahrheit und Liebe Gottes. Christen verfolgen daher eine Logik des Umweges: »Euch aber muss es zuerst um sein Reich und um seine Gerechtigkeit gehen, dann wird euch alles andere dazugegeben werden« (Mt 6,33). Es bleibt christliche Selbstüberzeugung:

> »Der Mensch hat seine Mitte grundsätzlich außerhalb seiner selbst. Er ist entweder ein Gefundener in Gott als Ganzem oder anfällig für allerlei Götzen, Affekte, Mächte dieser Welt.«[29]

Das paradoxe Wort von Klaus Hemmerle unterstreicht die Logik des Umweges in seiner Faszination:

> »Christinnen und Christen leben aus einem Geheimnis, das sie in sich aufgenommen haben. Darum können manche von ihnen geben, was sie gar nicht haben, und können sein, was sie noch gar nicht sind.«[30]

Doch wie ist dieser »Weg des Umweges« verlässlich beschreitbar? Die Gegenwart lebt auf feinsandigen Wanderdünen. Unsere Zeit bietet viele Möglichkeiten, aber es wird immer schwerer, zu Sicherheiten zu gelangen. Das macht den sandigen Untergrund aus. Wie soll Leben gehen? Welche Richtung soll es einschlagen? Was kann elementare Lebenssicherheit bieten? Was sind letzte Horizonte? Suchen, tasten, probieren scheinen redlicher als vermeintliche Gewissheiten. Die Zuverlässigkeit der technischen und wissenschaftlichen Vernunft steht ebenso infrage wie die Sicherheiten, die die äußere Stütze des religiösen Lebens bilden. Ein formales Festhalten an immer schon Geglaubtes hilft nicht, wenn es nicht zu einem gelingenden Leben hilft. Zu vieles ist möglich. So viel ist möglich und vieles doch unmöglich.

Um zu einer rechten Weise des Lebens zu kommen, sprechen alle großen Traditionen der Menschheit nicht von Effektivität, Perfektion noch von pragmatischer Rationalität, sondern von Weisheit. Was ist Weisheit?

2
Weisheit – wenn alle Dinge schmecken, wie sie sind

Ein charakteristisches Kennzeichen der postmodernen Welt ist ihre »sandgleiche Beweglichkeit«, sagt die tschechische Philosophin Jolana Poláková.[31] Alle Versuche des geistigen und moralischen Lebens stehen vor dem bedrohlichen Hintergrund einer Wüste, es ist das Grau und Grauen einer Leere. Vielleicht bricht deshalb immer wieder die gesellschaftliche Debatte um eine Leitkultur auf, also die Frage, was die Menschen noch an gemeinsamen Horizonten teilen. Die narrenhafte Kehrseite der Postmoderne[32] (unserer Gegenwart) mit ihrer bisweilen geradezu krampfhaften Leichtigkeit, Ungebundenheit und Verspieltheit ist »die stumme, rohe Ernsthaftigkeit bis zum Wahnsinn«[33] in Fitness, Selbsterfahrungstechniken, Gesundheitsfragen und Beruf. Das Pendel schlägt zwischen Lächerlichkeit und Schrecken hin und her.

Gerade in diesem Panoptikum zeichnet sich eine neue Öffnung des Menschen ab, eine neue Nachdenklichkeit, ein entschiedenes Suchen nach dem, was trägt, und ein neues Hören auf das, was nicht mehr allein von ihm selbst her kommt, sondern »von außen« ihn anspricht. Viele sind es zunehmend satt, sich nur selbst in der ewigen Umkreisung zu hören. Sie verspüren einen Hunger nach Wissen, das aus dem Leben kommt und ins Leben führt, mit anderen Worten: einen Hunger nach Weisheit.

> »Die Rede von der Weisheit hat Welttradition. Nicht nur im Alten und Neuen Testament, sondern auch im Buddhismus und Hinduismus, in der altägyptischen Religion, in späteren jüdischen und moslemischen Quellen, aber auch in den Mythen der Völker begegnet uns der Anspruch, durch Weisheitsreden tiefsinnige Erkenntnisse und Anregungen zur Lebensbewältigung zu vermitteln. Weisheit und Lebenssinn sind einander

zugeordnet, weniger durch Reflexion als vielmehr auf Grund langer Erfahrung und einer von der Gottheit vermittelten Einsicht.«[34]

Mindestens für die abendländische Weisheitslehre gibt es eine zentrale Übereinstimmung: Weisheit ist eine Lebenshaltung, eine Lebensform, die aus dem letzten und tragenden Grund kommt. Diesen Grund muss ich kennen bzw. erfahren, ihn muss ich beständig vor Augen haben. In diesen Grund muss ich mich immer mehr vertiefen, wenn ich Weisheit gewinnen will. Vor allem muss ich eine Liebe zur Weisheit haben, dann kommt sie dem Suchenden entgegen, wie das Buch der Weisheit behauptet (vgl. Weish 6,12–16). Sowohl im griechisch-platonischen als auch im biblischen Denken ist eines jedoch klar: Nur Gott oder das Göttliche ist weise, den Menschen aber steht die Liebe zur Weisheit zu Gebote.[35]

Im Gegensatz zum Osten wird im Westen der »Liebe zur Weisheit« (die ursprüngliche Bedeutung für das Wort »Philosophie«) nur begrenzt Achtung entgegengebracht. Wissenschaftlichkeit und Vernünftigkeit – eben auch pragmatische Rationalität hat uns, spätestens seit der Neuzeit, von diesem empfänglichen Verstehen, »vom hörenden Herzen«, wie es das Alte Testament im Hinblick auf den weisen König Salomo formuliert hat, weggebracht. Die heutige diffundierende Geistessituation lässt uns ganz neu nach ihr suchen, meistens in östlichen Traditionen, obwohl die abendländisch-christliche Tradition reichhaltig und mehr als verheißungsvoll ist. Für den westlich geprägten Menschen ist der Weg zur Weisheit erst wieder neu zu lernen. Der Macher, der Homo faber, der Theoretiker, der Pragmatiker, der Homo oeconomicus, der Mensch, der alles für seine Zwecke gebraucht, muss weite Wege gehen, um wieder zur naheliegenden Weisheit zu gelangen.

Im Buch der Weisheit des Alten Testamentes heißt es:

> »Strahlend und unvergänglich ist die Weisheit;
> wer sie liebt, erblickt sie schnell,
> und wer sie sucht, findet sie.
> Denen, die nach ihr verlangen,
> gibt sie sich sogleich zu erkennen.

> Wer sie am frühen Morgen sucht,
> braucht keine Mühe,
> er findet sie vor seiner Türe sitzen.
> Über sie nachzusinnen ist vollkommene Klugheit;
> wer ihretwegen wacht,
> wird schnell von Sorge frei.
>
> Sie geht selbst umher,
> um die zu suchen, die ihrer würdig sind;
> freundlich erscheint sie ihnen auf allen Wegen
> und kommt jenen entgegen, die an sie denken.«
> Weish 6,12–16

Ein märchenhafter Weg

Seit einiger Zeit ist ein wahrhaft »philo-sophisches Märchen« in deutscher Sprache zugänglich.[36] Es stammt aus den 1970er-Jahren von ebenjener im Atheismus aufgewachsenen Prager Philosophin Jolana Poláková, die jahrelang im Untergrund leben musste und nach langem Suchen zum Christentum gefunden hat. Sie ist heute Mitglied der Akademie der Wissenschaften in New York. Dieses Märchen wird uns mitten in unser Thema, aber auch in die Irrwege heutiger Lebenssuche führen:

»Am Rande der Wüste, in einer armseligen Hütte, lebte einst ein alter Mann mit seiner Tochter namens Agapé, die die Menschen mit ihrer außergewöhnlichen Güte und Schönheit bezauberte. Viele Freier hielten um ihre Hand an. Aber allen gegenüber bestand sie auf ihrer sehr eigenartigen Bedingung: sie könne ihr Leben nur mit jemandem verbinden, der imstande sei, ihr in der Wüste ein großes und festes Haus zu bauen. Diese Bedingung brachte die meisten Freier augenblicklich von ihrem Begehren ab. War ihnen doch von vornherein klar, dass sie nicht zu erfüllen war: der Sand der Wüste ist ständig in Bewegung, auf ihm lässt sich keine dauerhaftere Behausung bauen als ein Zelt oder eine einfache Hütte. Aber nicht alle hörten so auf die nüchterne Stimme des gesunden Menschenverstandes. Unweit vom Heim des Alten und des Mädchens wohnten mit ihren Eltern sieben tapfere Brüder. Wie sie nach und nach erwachsen wurden, hatten sie für nichts anderes Augen als für die schöne Agapé. Jeder von ihnen war bereit, sich allem zu unterziehen, um sie zu gewinnen.

Als Erster begab sich der Älteste von ihnen in die Wüste. Wie immer hatte er auch jetzt das größte Selbstbewusstsein: ›Mein Haus fällt doch nicht zusammen. Agapé wird mein.‹ Er wählte einen ebenen Platz und baute ein Haus aus Holz, dessen einzelne Teile sehr fest zusammengefügt waren. Dann ruhte er erschöpft von der schwierigen Tätigkeit aus, überzeugt von seinem Erfolg am darauf folgenden Tag. In der Nacht erhob sich ein unerhörter Sandsturm. Der Wind trug das ganze Haus eine Meile weit fort, und der junge Mann, der dabei aus dem Fenster gefallen war, kam inmitten der tobenden Elemente ums Leben.

Es kam die Zeit des zweiten Bruders. ›Jetzt übertrumpfe ich ihn doch noch mit meiner Gewitztheit‹, dachte er und machte sich ans Werk. Vorsichtig versuchte er das Haus des Bruders, das weiterhin gut zusammenhielt, zu untergraben und ihm die besten Fundamente, die im Sand überhaupt möglich waren, zu unterlegen. Er arbeitete mit frohem Sinn und freute sich auf die Braut. Als er in der besten Arbeit war, bewegte sich der Sand unter dem Gewicht des Hauses in eine völlig unerwartete Richtung und begrub den grabenden Jüngling unter sich.

Das Schicksal der beiden Ältesten hielt der dritte Bruder für eine ausreichende Warnung vor jeglichem unbedachten Tun. Er beschloss vor allem, sämtliche Bedingungen und die Sachlage des Werkes zu untersuchen. Angetrieben von den glühenden Gedanken an Agapé, studierte er fleißig die Bewegung des Sandes und die Eigenschaften des Baumaterials, versuchte alle Gesetzmäßigkeiten von Bewegungen zu ergründen, mit denen zu rechnen war, bis er eine wirkliche solide Theorie erarbeitet hatte. Eine praktische Lösung war aber immer noch nicht in Sicht. Dennoch gab er nicht auf und versank immer wieder von neuem tief in seinen Forschungen, wobei er stets seine Umgebung völlig vergaß. So geschah es, dass er einmal nicht rechtzeitig einen Skorpion bemerkte und an seinem Stich zugrunde ging.

Der vierte Bruder war von der erwiesenen Aussichtslosigkeit der Situation erschüttert. Von klein auf war er sehr empfindsam, und auf das Mädchen Agapé richtete sich sein Sinnen und Trachten mit ausuferndem Verlangen. Zugleich wusste er ganz klar, etwas Besseres, als die älteren Brüder ausgedacht hatten, konnte er nicht ausdenken. Er wusste nicht, was er tun sollte, er spürte nur, dass er ohne Agapé nicht leben konnte. In Beklommenheit und Trauer irrte er ziellos durch die Wüste und dichtete wundervolle Gedichte über sein tragisches Gefühl. Seine zarte und zerbrechliche Seele unterlag bald der Verzweiflung. Er beging Selbstmord.

Der Fünfte sah, dass ihm nur ein einziger Ausweg blieb, der vielleicht endlich das Richtige brachte. Wenn in allem, was irdisch und menschlich ist, bei dem Bestreben, Agapé zu gewinnen, der Tod lauert, dann kann man sich nur zum Übersinnlichen hinwenden. Mit zutiefst frommem Sinn, der im ergebenen Glauben nur noch Wunder erwartete, begab er sich in das Haus in der Wüste. Er machte daraus einen Tempel. Er brachte täglich Opfer dar, meditierte, fastete und fügte sich dem Willen Gottes. Er lebte wie ein Heiliger, und die Kunde davon verbreitete sich. Menschen kamen und empfingen seinen Segen und seine Ratschläge. Mit dem Haus geschah überhaupt nichts. Es stand auf dem Sand, ständig gleichermaßen von seinen plötzlichen Bewegungen bedroht. Der Glaube führte dem jungen Mann die ersehnte Agapé nicht zu. Seine Empfindungen waren kompliziert, voller Widersprüche. Er wollte sich nicht eingestehen, dass er Agapé nicht gewonnen hatte, er wollte von ihr nichts mehr wissen. Dass er sich zu frommen Werken zwingen musste, legte er sich als sein besonderes Verdienst aus, das ihn näher zu Gott emporhob. Seinen gelegentlichen Widerwillen gegenüber den Menschen verstand er als Ausdruck seiner nach Einsamkeit sich sehnenden Heiligmäßigkeit und als Gelegenheit zur Selbstaufopferung. Er war hoffnungslos abhängig von allem, was ihm ermöglichte, die Aufmerksamkeit von der tief in seinem Inneren verborgenen Wahrheit abzulenken, dass er Agapé in seinem Leben unerträglich vermisste. Sein Leiden versuchte er als geheimnisvolle, von Gott gesandte Prüfung auszulegen. Die Menschen verstanden ihn bereitwillig im gleichen Geist, und als er eines Tages an seinen Herzbeschwerden starb, bereiteten sie ihm ein feierliches Begräbnis.

›Ohne die Wahrheit (Realität, Wirklichkeit, L. Sch.) zu akzeptieren, gibt es keine Erlösung‹, war sich der sechste Bruder klar bewusst, der alles Tun seines älteren Bruders aufmerksam verfolgte. ›Man muss ganz von vorne anfangen, bei den Fundamenten.‹ Das alte Haus erschien ihm als ein widerlicher Trödelladen menschlicher Irrtümer und Verwirrungen. Er verbrannte es mit allen sakralen Gegenständen, Liebesgedichten, wissenschaftlichen Texten und Arbeitsgeräten, die darin seine älteren Brüder hinterlassen hatten. Mit reinem und entschlossenem Herzen machte er sich daran, tiefe Fundamente für ein neues Haus für Agapé zu graben. Es muss doch möglich sein, sich durch den Sand hindurch bis zum festen Untergrund durchzugraben, um darauf ein Haus zu errichten, über das dann kein oberflächliches Toben der Elemente mehr Macht haben konnte. Er grub und grub, nahm nichts mehr wahr. Er gelangte immer tiefer, aber die Kräfte nahmen immer schneller ab. Seine Hände waren voller Schwielen und Blut, sein Rücken war von der Sonne schwarzgebrannt, seine Füße wankten, und in den Augen glühte eine seltsame Glut. Umso mehr grub er. Eines Tages hörte er auf zu essen, um nicht zu viel Zeit zu verlieren. Er starb als Wahnsinniger, auf dem Grund seiner Grube, die Hände krampfhaft in die nicht enden wollenden Sandschichten vergraben.

Der Siebente, der Jüngste, teilte mit seinem älteren Bruder dessen Leidenschaft für die Wahrheit (Realität, Wirklichkeit, L. Sch.). Er ahnte, dass nur durch sie der Weg zu Agapé führt, nach der er sich so sehr sehnte, dass auf sie freiwillig zu verzichten für ihn gleichbedeutend war mit dem Tod. Er begab sich also auf den gleichen schrecklichen Weg wie sein Bruder, aber von dem vagen Hoffnungsschimmer geführt, dass es vielleicht möglich sei, sich auch von Wirklichkeiten führen zu lassen, die außerhalb seines eigenen eisernen Willens liegen. Er ging in die Wüste nicht nur mit der festen Absicht, das Unangenehme aus der Wirklichkeit nicht auszublenden, sondern auch mit einer subtilen Offenheit gegenüber allem Positiven, was ihm irgendwie von außen helfen könnte und nicht nur trügerische Selbsttäuschung war. In dieser sorgfältig überwachten Seelenlage machte er sich an das Ausheben der Fundamente. Selbst dann, wenn die Arbeit sehr gut voranging, verfiel er nicht einem selbstherrlichen Rauschzustand – sorgfältig untersuchte und sicherte er den Sand, damit er nicht herabrutschte. Wenn sein Werk aber nicht gelingen wollte, legte er seine Gefühle von Traurigkeit, von Ohnmacht und Ängsten in lyrischen Gedichten nieder und befreite sich auf diese Weise von ihnen. Vielleicht betete er auch, aber viel mehr war es ein selbstvergessenes Lauschen auf die erdrückend ernste Stille der nächtlichen Wüste, die ihn innerlich verwandelte. Er spürte, wie ihn alles ringsumher stillschweigend in seinem Tun unterstützte. ›Ich halte durch, selbst wenn ich mich zum Kern der Erde durchgraben muss. Habe ich doch nichts zu verlieren außer meinem Verlangen.‹ Er hatte schon all seine Werkzeuge abgenutzt und musste mit bloßen Händen weitermachen, mit den letzten Kräften seiner Ergebenheit: ohne zu wissen, hatte er sich selbst schon endgültig verloren. Und erst da geschah es: Die Erde öffnete sich unter dem weggegrabenen Sand mit einem plötzlich herausschießenden Wasserstrahl. Eine herrliche Fontäne glitzerte im Sonnenschein. Lebenspendendes Wasser ergoss sich über alles ringsumher und weckte im Sand eingetrockneten Samen. Gras wuchs empor und darauf eine große grüne Palme, unter der, geschützt durch ihren erquickenden Schatten, der junge Mann, von Erschöpfung überwältigt, lange schlief. Als er erwachte, sangen die Vögel über ihm, und bei ihm saß Agapé: ›Du hast meine Bedingung erfüllt, du hast bei dir für mich das Haus des Lebens gebaut.‹«

Einweisung in die Weisheit

Die Botschaften dieses Märchens sind zahlreich. Hier nur die Hauptlinie: Die Berufung des Menschen ist es, der selbstlosen Liebe (Agapé meint dies im Unterschied zum Eros, dem Streben aus der Bedürftigkeit, und zur Philia, der Freundschaftsliebe) ein Haus zu bauen, freilich auf unsicherem Grund. Dieser ist nicht mehr stabil. Wir leben am Rande der Wüste. Viele sehen das von vornherein als aussichtsloses Unternehmen an, andere beginnen beherzt, aber zu selbstsicher und selbstüberzeugt auf ihre eigene Kraft bauend – die Macher und Homo-faber-Existenzen. Aber auch die reine theoretische Annäherung in endlosen Diskursen und Theorien zum Leben bringt nicht weiter, ja macht sogar lebensuntauglich. Irgendwann sticht der Skorpion zu, den wir über allen Theorien übersehen. Selbst Religiosität, die alles auf ein Wunder setzt, weil sie letztlich an der Realität verzweifelt und diese wegschiebt, scheint kein Ausweg.

Sie steigert sich in eine religiöse Selbstdramatik und Illusion von Opfer und Verzicht. Sie kann nicht zugeben, dass sie im Letzten die selbstlose Liebe nicht erreicht, wenn sie der Realität ausweicht. Sie kann sich nicht einfach in Lehre und liturgischen Ritus zurückziehen. Sie muss auch an der Wirklichkeit des Lebens wachsen. Auch der radikale Versuch der Revolution, nämlich alles bisher Gedachte, Geglaubte und ins Werk Gesetzte zu unterlaufen und gleich selbst die Fundamente zu legen, scheitert an der Realität.

Die Antwort, die der jüngste Bruder gibt, ist wegweisend: Ohne Leidenschaft für die Realität, sprich: ohne die Wahrheit des Lebens, kommt niemand zur selbstlosen Liebe. Jedoch nur wer Agapé wirklich als Ziel ersehnt, wird den schwierigen Weg gehen. Der Hoffnungsschimmer, der ihn führt, ist, »dass es vielleicht möglich sei, sich auch von Wirklichkeiten führen zu lassen, die außerhalb des eigenen eisernen Willens liegen«; das heißt, es gibt noch Wirklichkeiten jenseits unseres Bewusstseins, denen wir uns öffnen müssen durch die Begegnung mit den Realitäten.[37] Der Weg des jüngsten Bruders ist dadurch gekennzeichnet, dass er nicht nur das Unangenehme aus der Wirklichkeit nicht ausblendet, sondern sensibel »gegenüber allem Positiven ist, was ihm irgendwie von außen helfen könnte und nicht nur trügerische Selbsttäuschung war«. Es ist ein Vertrauen zum Leben, das uns zugewandt ist und nicht feind! Ich muss das Leben nicht »bewältigen«. Ich kann und soll zustimmen. Als Brücken des Menschen zur Agapé gibt das Märchen markante Imperative:
- Lasse dich durch die Wirklichkeit führen, nicht durch Illusionen und fixe Ideen. Hab Vertrauen zum Leben, es ist dir nicht feind.
- Nimm behutsam deine eigene Seelenlage wahr. Geh hier und da auf Distanz zu dir selbst und übe dich in liebender Aufmerksamkeit.
- Erliege nicht der Versuchung des Erfolgs, damit du nicht in einen selbstherrlichen Rauschzustand gerätst. Bleibe in deiner Wahrheit (Demut) und erliege nicht übertriebenen Selbstbildern.
- Übe dich in einem klaren Blick auf die umgebende Situation. Lerne Umsicht, Einsicht und Weitsicht.
- Schlucke und verdränge nicht Traurigkeit, Ohnmacht und Ängste. Lerne sie auszudrücken.

- Hab Mut zum Gebet, das vor allem ein selbstvergessenes Lauschen auf die Stille der nächtlichen Wüste ist, sie verwandelt innerlich. Wandelnde Antworten kommen im Hören auf etwas, das jenseits von uns ist.
- Zeige Ausdauer und Hingabe.
- Vergiss dich selbst im Handeln an den Gegebenheiten des Lebens.

Die Wende in diesem modernen Märchen liegt in der hervorsprudelnden Quelle. Sie ist das Bild für die freie Gabe. Quelle bedeutet ja nichts anderes als »fließendes Geben«. Sie ist das Symbol für das Uralte, denn die Quelle ist am Fluss immer das Älteste. Sie ist jedoch zugleich das Jüngste, denn sie ist der ständige Beginn des Flusses. Die Quelle ist das Ur-sprüngliche. In diesem Märchen entspringt sie am Nullpunkt, wo es heißt: »Er hatte schon all seine Werkzeuge abgenutzt und musste mit bloßen Händen weitermachen, mit den letzten Kräften seiner Ergebenheit: ohne zu wissen, hatte er sich selbst schon endgültig verloren.«

Am Ende steht nicht ein Palast, nicht eine Burg oder ein Haus, d. h. ein System von fest gefügten Elementen, sondern die Oase, also ein Leben an der Quelle, die sich schenkt. Die Oase bleibt jedoch nur Oase aus der Nähe zur Quelle und ihrer Pflege. Sie muss ständig offengehalten werden. Sie muss sich selbst freigeben. Am Ende steht die verdankte Existenz als gelungenes Menschsein. Soweit das Märchen. Könnte dies nicht ein weisheitlicher Weg in unserer Zeit werden, weil wir sehr wohl ahnen, dass sich die anderen Konzepte und Versuche, die sich in den gescheiterten Brüdern abgebildet haben, erübrigen?

Die christliche Weisheit

Nun geht es hier nicht um eine Märchenstunde, sondern um die Frage, wie Leben gelingen kann und welche Lebenskunst das Christsein uns nahelegt. Das angeführte Märchen hat dazu eine tiefgründige Spur gelegt. Es trifft sich mit dem christlichen Selbstverständnis der »selbstlosen Liebe«, für die Agapé in dieser Welt ein Lebens-Haus zu bauen. Das Johannesevangelium gebraucht dafür das Bild der »Frucht, die bleibt« (Joh 15). Das ist der Sinn des Lebens, und das ist der Auftrag der Kirche. Dies aber geht nur aus und mit Gott als Quelle zum Leben. Johannes Paul II. hat diese christliche Sendung als einen Weg von einer Kultur des Todes zu einer Kultur der Liebe beschrieben. Dieser Weg kann aber nicht einfach »nur« über die »reine Lehre« oder eine »Sakramentenspendung« gehen, die die Realitäten verweigert. Das wäre eine Verdünnung des Christseins.

Auch Christen spüren es: Zunehmend wissen wir mehr und mehr, doch das Gewicht der Dinge, der Begegnungen, ja die Lebenskraft erschöpft sich. Die Balance zwischen Aktion und Ruhe, zwischen Reden und Schweigen, zwischen Greifen und Loslassen will allzu oft nicht gelingen. Der christliche Glaube ist eine weisheitliche Lebensform. Der ganze Mensch, sein Leben, die Tradition und Geschichte, seine Sinne, Erfahrungen, Affekte, seine Vernunft und sein Tätigsein »durchstimmen« den Menschen. Was ist christliche Weisheit? Welche Lebenskunst erschließt sie uns? Bernhard von Clairvaux (1090–1153) sagt schlicht: »Est enim sapiens, cui quaeque res sapiunt prout sunt – Weise ist nämlich, wem alle Dinge so schmecken, wie sie sind.«[38] Jedoch, wem die Dinge schmecken, wie sie sind, dem sind sie nicht immer süß. Weisheit ist der Ausstieg aus der Illusion in die gefüllte Realität.[39] Warum traut ein Mann wie Bernhard von Clairvaux dem Christen so viel »hellsichtigen Realismus« zu, wo viele heute einen dunklen Realismus, d. h. Pessimismus, an den Tag legen und andere einfach verdrängen?

Vielleicht kommt dies aus einer letzten Gelassenheit des Christentums. Christen suchen, tasten und fahnden ebenso wie ihre Zeitgenossen und hoffentlich so entschieden wie jene, die manchmal nichts mit Glauben und Kirche zu schaffen haben und dennoch nach einem gelingenden Leben Ausschau halten. Christen aber glauben, dass ihnen in allem Suchen die Weisheit Gottes entgegenkommt. Sie haben einen Namen für die Quelle, an der sie leben und aus der sie ihr Leben gestalten: Christus.

Wie beglückend das ist, wird mir immer wieder deutlich durch die ehrliche Sehnsucht gerade vieler junger Menschen nach Lebensorientierung. Als in Rom die Seligsprechung des ehemaligen Bischofs von Münster, Kardinals Graf von Galen, stattfand, entschlossen sich hundert Jugendliche spontan, nach Rom zu fahren. In einer römischen Kirche lag das Bild des damals neuen Papstes mit einem Zitat aus seiner ersten Predigt als Benedikt XVI. aus. Als die Jugendlichen diesen Text lasen, konnte man förmlich spüren und sehen, wie sie sich aufrichteten, wuchsen, ja zu strahlen anfingen. Der Text lautete ganz schlicht:

> »Und erst wo Gott gesehen wird, beginnt das Leben richtig.
> Erst wo wir dem lebendigen Gott in Christus begegnen,
> lernen wir, was Leben ist.
> Wir sind nicht das zufällige und sinnlose Produkt der Evolution.
> Jeder von uns ist Frucht eines Gedankens Gottes.
> Jeder ist gewollt,
> jeder ist geliebt,
> jeder ist gebraucht.
> Es gibt nichts Schöneres, als vom Evangelium,
> von Christus gefunden zu werden.
> Es gibt nichts Schöneres, als ihn zu kennen
> und anderen die Freundschaft
> mit ihm zu schenken.«[40]

Die christliche Weisheit, die christliche Kunst des Lebens beginnt mit dem Glauben an die Größe des Menschen, seiner Würde, die er aus seinem tiefen Bezug zu Gott erhält, und dem Wissen, wo die Quelle des Lebens ist.

Aus dem tragenden Grund leben

> »Nach dem mittelalterlichen Verständnis ist ›Weisheit‹ (im Anschluss an Platon und Aristoteles, L. Sch.) das Verstehen einer Sache aus ihren höchsten Gründen, so wie ›Wissenschaft‹ das Verstehen einer Sache aus ihren nächsten und vorletzten Gründen ist. Glaube als Lebensweisheit zu bezeichnen bedeutet nichts Geringeres als: das Leben des Menschen zu verstehen aus seinen höchsten Quellgründen, aus Gott und in Bindung an Gott. Wenn der Mensch vom Glauben Antwort fin-

> den will auf die Frage des Menschen nach sich selbst, nach seinem Woher, Wohin und Wozu und er bei diesen Fragen auf die Botschaft von Jesus Christus stößt als dem, durch den Gott definitiv in der Welt und bei den Menschen gegenwärtig ist, und von daher das Leben letztverbindlich als erhellt und geführt versteht, dann entspringt dem Gelassenheit, Gewissheit und Freude für das Leben. Der lebendige Bezug zu Jesus Christus, den Paulus ›Gottes Kraft und Gottes Weisheit‹ nennt, macht den Menschen weise.«[41]

Christliche Lebenskunst, christliche Weisheit wächst aus der *Kraft, das Leben bejahen zu können*, weil wir von Gott Bejahte sind. Aus der Gottesquelle nimmt der Glaube die Kraft zum Leben, auch in seinen Widerständigkeiten. Ja in seinem Ja! Der ermordete Frère Roger Schutz hat dies einmal so ausgedrückt:

> »Die Ereignisse annehmen, auch die kleinsten, ohne Bedauern, ohne Wehmut, aber in unerschöpflichem Staunen. Geh, geh weiter, setz einen Fuß vor den anderen, vom Zweifel geh weiter zum Glauben und kümmere dich nicht um das, was unmöglich scheint. Entzünde ein Feuer, selbst mit den Dornen, die dich zerreißen.«

Christliche Lebenskunst kommt aus dem Ja, nicht aus dem Nein.

> »Denn Gottes Sohn Jesus Christus, der euch durch uns verkündigt wurde (...), ist nicht als Ja und Nein zugleich gekommen; in ihm ist das Ja verwirklicht. Er ist das Ja zu allem, was Gott verheißen hat« (2 Kor 1,19f.).

»Ich habe einen Freund in New York, für den ist ›Yes‹ das kürzeste Morgengebet, ein Gebet, das er nie versäumt«, berichtet Niklaus Brantschen.[42] Yes, ja! Christliche Weisheit ist Weisheit aus der Kraft der Bejahung.

Christliche Lebensweisheit ist es deshalb, *das Leben zu wählen*. Die meisten leben zwar, aber sie haben das Leben nicht gewählt. Albert Schweitzer soll einmal gesagt haben, der moderne Mensch sei in einem erschreckenden Maße passiv. Diese Bemerkung verblüfft. Scheint nicht genau das Gegenteil der Fall zu sein? Wir leisten viel, sind aktiv und scheinbar unermüdlich. Doch Beschäftigtsein, ein Programm abwickeln heißt nicht ohne Weiteres, dass man sein Leben gewählt hat. In vielen Fällen lasse ich ein Programm oder eine Arbeit über mich ergehen. Natürlich bin ich nicht einfach frei zu tun, was ich tun möchte. »Nun, mit der Freiheit ist das so eine Sache. Es ist wie mit einer Seife in der Badewanne. Sie ist da, aber schwer zu fassen.«[43] Festhalten sollten wir aber: Freiheit erfährt, wer Freiheit gebraucht. Ich muss mich fragen: Wann habe ich mich das letzte Mal ganz bewusst für etwas entschieden? Es muss nicht eine heroische Tat gewesen sein. Die Fähigkeit, sich zu entscheiden, wächst, wann immer ich achtsam und bewusst wähle. Die christliche Lebenskunst wächst aus der Entscheidung zum Leben. Im Buch Deuteronomium steht der Satz:

> »Den Himmel und die Erde rufe ich heute als Zeugen gegen euch an. Leben und Tod lege ich dir vor, Segen und Fluch. Wähle also das Leben, damit du lebst, du und deine Nachkommen« (Dtn 30,19).

Die Wirklichkeit schmecken

Das Leben zu wählen heißt, es zu schmecken, so wie es ist. Die lateinische Sprache hat für »schmecken« und »weise werden« dasselbe Wort: »sapere«. Und es ist nicht erst die Einsicht von Ignatius von Loyola, dass nicht das viele Wissen unser Herz sättigt, sondern nur das »Innerlich-die-Dinge-Verspüren-und-Schmecken«.[44] Alle Sinne erschließen uns die Wirklichkeit in ihrer Tiefe in dem Maße, wie wir sie verinnerlichen. Wer die Dinge draußen von innen her schmeckt und verkostet, ihren Duft aufnimmt, sie achtsam berührt, darauf lauscht und sie sehend wahrnimmt, bringt die Welt über die Sinne ins Innere und erfährt Sinn: Das Sehen wird zum Schauen, das Hören zum Horchen und Gehorchen, das Tasten zum Ergreifen und Ergriffensein, das Riechen und Schmecken zum Kosten und Verkosten. Die Wirklichkeit will uns führen, zu ihr hin, über uns hinaus, uns neu gewinnend.

Fragen Sie sich: Wann haben Sie das letzte Mal ...
- einen Apfel gekostet, statt lediglich die Zähne in ihn hineingeschlagen?
- den Duft einer Rose in sich aufgenommen, statt sie einfach gekauft und in die Vase gestellt?
- achtsam die Hand eines lieben Menschen oder eine Baumrinde berührt?
- dem Lied einer Lerche im Blau des Himmels gelauscht?
- einen Sternenhimmel bewundert?

Solche kleinen Dinge in großer Achtsamkeit und Empfänglichkeit vollzogen, würde auf Dauer Welten bewegen. Im Verkosten eines Apfels sprengt sich die Welt ins Wunder. Die Weisheit kommt uns aus der Schöpfung selbst entgegen, weil sie Zeugin der Weisheit Gottes ist.

Das Haus der Weisheit

Das betont auch der heilige Bonaventura, ein großer Weisheitslehrer des Mittelalters aus der franziskanischen Tradition. Im Anschluss an die Heilige Schrift sagt er: Nicht nur führt uns die Schöpfung selbst in die Weisheit ein, wenn wir sie von innen wahrnehmen, sondern die Weisheit erbaut sich selbst das Haus, in dem sie wohnen will.[45] Dabei nennt er sieben Säulen, auf denen das Haus der Weisheit ruht:
- Keuschheit. Sie meint nicht etwas Asexuelles, sondern die Fähigkeit, der Schöpfung in Ehrfurcht und Achtsamkeit entgegenzugehen, die Dinge vorkommen zu lassen, wie sie sind, ohne mit ihnen sofort Absichten zu haben und ihnen Zwecke vorzuschreiben.
- Friedensliebe, d. h. die Meidung jeder Gewalt, in Gedanken, Worten und Handlungen. Sie ist eine Haltung, die aus einer Versöhnung mit sich selbst hervorgeht.
- Bescheidenheit, d. h. keine übertriebenen Selbstbilder und Erwartungen an andere, keine Aufdringlichkeit.
- Wille, sich zum Guten hin belehren zu lassen, d. h. Kritikfähigkeit und Mut, Wandlungen auf sich zu nehmen und das Gute wirklich zu wollen.

- Fruchtbarkeit im Erbarmen, d. h., aus der Haltung des Erbarmens, nach biblischer Bedeutung: des Raumgewährens, Leben zu mehren, zu unterstützen, nach vorne zu bringen.
- Enthaltung von Verurteilungen, d. h., nicht selbst Maßstab zu werden über andere.
- Abwesenheit jeglicher Eigenüberschätzung, d. h. Wissen um die eigenen Grenzen und das Bejahen, dass ich auf andere angewiesen bin.

Es würde schon genügen, einen dieser Punkte im eigenen Leben entschieden und konsequent zu verfolgen, um alle zu erreichen, denn sie hängen unauflöslich zusammen. Es ist nicht nötig, an allen Säulen zu bauen. Wenn ich nur eine in meinem Leben errichte, wachsen die anderen mit, denn wie wäre z. B. die Enthaltung von Verurteilung möglich, wenn nicht mit Erbarmen, mit dem Willen, sich immer noch zum Guten hin belehren lassen zu wollen, mit Bescheidenheit, Keuschheit, sprich Ehrfurcht vor dem anderen und mit dem entschiedenen Willen zum Frieden. Für jede Säule ließe sich diese Verweisstruktur zeigen.

All diese Haltungen sind aber nicht an erster Stelle moralische Leistungen, sondern Gaben. Bonaventura schließt nämlich seine Ausführungen mit folgendem Hinweis:

> »Christus ist der Quell der Weisheit, er ist der Grund dieser Gabe und ihre Vollendung. Der Apostel, der sich selber als guten Baumeister versteht, drückt es so aus: ›Einen anderen Grund kann niemand legen als den, der gelegt ist, Jesus Christus‹ (1 Kor 3,11) (...) In ihm sind alle Schätze der Weisheit und der Wissenschaft verborgen. In ihm wird das Haus der Weisheit vollendet (...) in ihm kommt alles Gute zur Fülle. Und so heißt es bei Johannes: ›Das ist das ewige Leben, dich, den einzigen wahren Gott, zu erkennen und den du gesandt hast, Jesus Christus.‹«[46]

Die Weisheit des Kreuzes

Die christliche Weisheit ist keine Allerweltsweisheit, sie ist die gekreuzigte Weisheit. Daran hat der Apostel Paulus die Gemeinde in Korinth erinnert. Sie hatte sich ihre eigene Weisheit zurechtgelegt und so Gott für ihre Interessen vereinnahmt. Auf dieses Wort des Paulus gilt es auch heute zu hören, um in die Tiefe christlicher Weisheit vorzudringen:

> »Denn das Wort vom Kreuz ist denen, die ins Verderben gehen, Torheit, denen aber, die gerettet werden, uns, ist es Kraft Gottes. Denn es steht geschrieben: Verderben werde ich die Weisheit der Weisen, und die Einsicht der Einsichtigen werde ich vernichten. Wo ist ein Weiser? Wo ein Schriftgelehrter? Wo ein Gelehrter dieses Äons (dieser Zeit, L. Sch.)? Hat Gott nicht zu Torheit gemacht die Weisheit der Welt? Denn da die Welt an der Weisheit Gottes Gott nicht erkannte, gefiel es Gott, durch die Torheit der Verkündigung die Glaubenden zu retten. Da die Juden Zeichen fordern und die Griechen Weisheit suchen, wir aber Christus, den Gekreuzigten, verkündigen, den Juden ein Anstoß, den Heiden eine Torheit, den Berufenen selber aber, Juden wie Griechen, Christus (als) Gottes Kraft und Gottes Weisheit. Denn das Törichte Gottes ist weiser als die Menschen, und das Schwache Gottes (ist) stärker als die Menschen« (1 Kor 1,18–25).[47]

Jesus Christus sprengt durch seine liebende Hingabe am Kreuz jede menschliche Weisheit und Lebenskunst auf. Das Kreuz ist die Krisis und Kritik jeder weltlichen Weisheit und Vernünftigkeit, die sich einen Reim auf diese Welt und sich selbst machen zu können meint. Die Weisheit vom Kreuz erfüllt die menschliche Weisheit auf eine andere Art, als sie denken kann. Worum geht es bei der Weisheit des Kreuzes? »Ohne Schutz leben im Vertrauen!« Jesus ist kein Sicherheitsberater, mit ihm gehe ich ins Offene. Dies kann ich, weil ich mit ihm Vertrauen lerne zum Vater, der seine Sonne aufgehen lässt über Gerechte und Ungerechte. Ohne Schutz leben im Vertrauen, das heißt lieben; denn Liebe heißt, sein Gesicht nicht zu verstecken. Sie ruft: Zeig dich, wie du bist! Komm ins Offene! Du darfst sein!

Jesus hat sein Gesicht immer weniger versteckt. Am Ende war das, was er war, vollständig sichtbar geworden. Sie folterten ihn so lange, bis nichts Verbergendes, nichts Halbes, nichts Vorsichtiges, Zurückhaltendes mehr an ihm war. Er hat seine Offenheit nicht zurückgezogen: nackt und entblößt. Die Offenheit Gottes stand allen vor Augen! Darin liegen die Lebenskunst Gottes und unser Lebensweg verborgen. In der Regel traue ich der Weisheit des Kreuzes nicht. Kann ich der Torheit des wehrlosen Lebens, das sich ganz gibt, trauen? Wo würde mich/uns das hinführen? Wir sind vorsichtig! Wir haben Jägerzäune und Hecken und Sicherheitsschlösser.

Christliche Lebenskunst dagegen heißt: dem Neuen des Evangeliums immer mehr trauen, mit der Folge, die eigenen Sicherheitszäune abzubauen, die Lebenskonstruktionen aufzugeben, sein Leben zur Verfügung zu stellen, den eigenen Ehrgeiz, den tief eingewurzelten Stolz, das Bauen auf die eigene Leistung zu verabschieden und sich hineinnehmen zu lassen in eine ganz andere Geschichte, in der man sich selbst verliert, aber gerade so alles findet. Das Leben käme ins Fließen. Eine berauschende Verheißung, vor der uns zugleich schwindlig wird.

Es ist die Lebensweisheit des Weizenkornes: »Fällt das Weizenkorn nicht in die Erde, so bleibt es allein. Fällt es in die Erde und stirbt, so bringt es reiche Frucht.« Es gehört zur christlichen Weisheit, dass sie das Schwache und Törichte erwählt. In einem Brief las ich folgende Zeilen:

> »Je mehr du in die Liebe hineinwächst, in die Botschaft Jesu (…) desto verletzlicher machst du dich. Du wirst angreifbar, wenn du sichtbar geworden bist oder wenn ›das von Gott‹ in dir aufleuchtet. Wenn du dein Leben verteilst, statt zu horten, dann wird das große Licht sichtbar. Zwar gehst du in die Einsamkeit hinein, verlierst oft Freunde, einen Lebensstandard, einen Beruf oder eine sichere Karriere, aber zugleich veränderst du dich. Und das Kreuz, dieses Zeichen der Isolierung, der Schande, des Verlassenseins wird in diesem Prozess der Baum des Lebens, ohne den du gar nicht sein magst. Das tote Marterholz fängt an zu grünen. Und du weißt auf einmal, wo du hingehörst.«[48]

Vielleicht finden wir gerade hier die Quelle, die uns entgegenspringt inmitten der Wüsten unserer Zeit.

Die Weisheit des Kreuzes hieße für unser Leben dann: vom Misstrauen in das Vertrauen zu Gott zu gehen; vom Sicherheitsdenken in die Zuversicht; vom Berechnen in die Absichtslosigkeit. Im Blick auf Jesu Leben das verschlossene Herz zu öffnen, das ist das Kreuztragen in der Nachfolge. Du hättest allen Grund dazu, dichtzumachen, aber mach nicht zu! Die Vorsicht ist nicht alles! Halt dich immer wieder hin! Liefere dich aus! Geh nicht auf Sicherheit! Lieben heißt sein Gesicht zeigen. Glaube den Menschen nicht, die sagen: »Ein solches Leben ist dumm. Die Realität spricht eine andere Sprache!« Es ist Torheit! Glaub das nicht! Im Vertrauen auf Jesu Kreuz, sei beherzt! Wunden gibt es, lass sie sich verwandeln zu Quellen und Toren zum Leben! Vertrauen ist stärker als Misstrauen! Glaub dem Kreuz Christi, nur so gewinnt das Evangelium Raum.

Dies ist die Weisheit des Kreuzes, die tiefste christliche Lebenskunst: Nur ein sich offen gebendes Leben aus dem Vertrauen zu Gott führt zu einem erfüllten Leben.

Die Länge und Breite, die Höhe und Tiefe ermessen

Weisheit ist die Lebenshaltung, die aus dem letzten, tragenden Grund kommt. Diesen Grund muss ich kennen. Wir Christen nennen ihn Jesus Christus, »Gottes Kraft und Gottes Weisheit«. Ihn muss ich vor Augen haben und in ihn mich immer mehr vertiefen. Was wir von Herzen lieben und ersehnen, können wir erkennen. Und in das, was wir erkannt haben, können wir verwandelt werden. Weisheitliches Leben ist schauendes Leben: auf die Realitäten, auf die eigene Verfasstheit, auf Jesus Christus, den Quell der Weisheit. Es lebt von der ständig schauenden Hinwendung zu Christus. Für all diese Elemente hat die christliche Tradition eine Reihe von Rhythmen, Regeln, Hinweisen, Riten geschaffen. Die vielen Ordenstraditionen etwa sprechen hier eine beredte Sprache.

Allen ist eines gemeinsam: Christliche Lebenskunst lebt aus dem Ja Gottes zu uns! Aus diesem Ja wählt sie das Leben in Freiheit. So kann die christliche Weisheit die Wirklichkeit schmecken, wie sie ist. Sie braucht nichts wegdrücken, überhöhen oder verleugnen. Ja, sie weiß im Blick auf Christus, dass diese Weisheit sich selbst ihr Haus baut. Doch die Weisheit des Kreuzes weist noch weiter. Sie ist die Quelle der Offenheit zum Leben. Christliche Weisheit ist die Weisheit Christi. Auf ihn schauend, werden wir erfüllt von seiner Kraft. Auf ihn zielt alle Lebenskunst. So heißt es im Epheserbrief:

> »Durch den Glauben wohne Christus in eurem Herzen. In der Liebe verwurzelt und auf sie gegründet, sollt ihr zusammen mit allen Heiligen dazu fähig sein, die Länge und Breite, die Höhe und Tiefe zu ermessen und die Liebe Christi zu verstehen, die alle Erkenntnis übersteigt. So werdet ihr mehr und mehr von der ganzen Fülle Gottes erfüllt. Er aber, der durch die Macht, die in uns wirkt, unendlich viel mehr tun kann, als wir erbitten oder uns ausdenken können, er werde verherrlicht durch die Kirche und durch Christus Jesus in allen Generationen, für ewige Zeiten. Amen« (Eph 3,17–21).

Nichts gefährdet eine achtsame und weisheitliche Lebensform so sehr wie die alles ergreifende Beschleunigung einer evaluierten und durchökonomisierten Gegenwart. Heimliche und unheimliche Zeitmuster bestimmen unser Fühlen, Denken und Handeln. Dahinter aber verstecken sich oft ganz andere existenzielle Fragen, die weit über eine Zeitplanung hinausgehen. Sie berühren zuinnerst die religiöse Sehnsucht und Lebensgestaltung des Menschen.

3
Zeit – das knappe Gut

Haben Sie wirklich Zeit, dieses Buch zu lesen? Während Sie in diesen Seiten stecken, könnten anderswo interessante Dinge passieren. Wer viele Möglichkeiten hat (man nennt uns heute nicht umsonst eine multioptionale Gesellschaft) und durch moderne Kommunikationsmöglichkeiten um sie weiß (gewollt oder ungewollt), ja noch durch moderne Verkehrsmöglichkeiten andere Orte dieser Welt schnell erreichen kann, den befällt eine permanente innere *Sorge*: zur falschen Zeit am falschen Ort zu sein und daher natürlich auch das Falsche zu tun. Nun besteht die Option, eine SMS zu schicken, damit wir auch dort sind, wo wir gerade nicht sind, und das in Echtzeit! Nur was gerade aktuell geschieht, trägt seit einiger Zeit den Titel »Echtzeit«, alles andere ist scheinbar zu vernachlässigen, denn Vergangenheit und auch Zukunft sind – so suggeriert der Begriff – gar keine echte Zeit mehr. Wer die Karriere des Begriffs »Echtzeit« verfolgt, stellt eine verborgene Forderung fest: »Alles gleichzeitig und sofort – in Echtzeit!« Kann ich so leben? Will ich so leben?

Rhythmus, Takt, Vergleichzeitigung[49]

Jede Epoche, so sagen uns die Zeitkundigen, habe ein dominierendes Zeitmuster. Die *Vormoderne* war geprägt vom Rhythmus der Jahreszeiten, von Tag und Nacht, den natürlichen Prozessen von Saat, Wachstum und Ernte. Die *Moderne* habe den Rhythmus der Natur gegen den Takt der Maschine eingetauscht. Nicht der Rhythmus, sondern das Ticken der Uhr und damit die Rationalisierung unserer Welt in möglichst störungsfreie technische Abläufe gibt das Tempo an. Die *Spätmoderne* steht ganz unter dem Wasserzeichen der Vergleichzeitigung, die uns die Computertechnik und die

Medien eröffnen. Wurde in der Moderne mehr durch eine kürzere Taktung der Arbeitsprozesse beschleunigt, so wird das in der »Postmoderne« durch Vergleichzeitigung getan. Sie können das Ausmaß dieser Zeitform in jedem ICE beobachten, wenn ein dynamisch wirkender Mann an Ihnen vorbeigeht, nebenbei ins Mobiltelefon spricht und damit auf der Toilette verschwindet. Wenn Sie sich jetzt noch vorstellen, dass er vom nicht mehr stillen Örtchen wieder auftaucht und weiterhin telefoniert, dann haben Sie ungefähr eine Ahnung von dem, was hier gemeint ist. Tatsächlich erzeugt die erhöhte Mobilität nicht nur den Wunsch, an *Parallelorten* leben zu wollen (shoppen in London, am Wochenende bei der Freundin in Berlin, Durchlauf aller wichtigen Partys in Münster am Wochenende), vielmehr schaffen die Kommunikationsmedien scheinbar die Möglichkeit, in *Parallelzeiten* leben zu können.

Wenn sich nun Mobilität, Flexibilität und mediale Kommunikation in einer sich immer mehr ökonomisierenden Welt mit dem betriebswirtschaftlichen Zauberwort *Effizienz* treffen, entwickelt sich das heimliche Zeitkonzept der Vergleichzeitigung zu einem Zombie. Natürlich sollten Dinge nicht umständlich getan werden, wenn es auch einfach geht. Aber die Meinung, dass das Leben in erster Linie effizient gestaltet werden müsse, ist inzwischen völlig losgelöst von jedem Produktionsprozess oder von Kapitalverwertungsinteressen. Sie gilt mittlerweile nicht nur für wirtschaftliche Prozesse, sondern auch für das »Logistikunternehmen« Partnerschaft und Familie und hängt mit der weitgehend unbewussten Vorstellung zusammen, dass ein effizient gelebtes Leben am Ende, irgendwann in der Zukunft, auch zu einem reichen und erfüllten Leben führen wird.

Es fällt auf, dass sehr häufig über das eigene Leben wie über einen rational organisierten Produktionsprozess gesprochen wird. Das individuelle Leben lässt sich jedoch in keiner Weise mit einem Produktionsprozess vergleichen, bei dem ganz am Ende das Produkt »Glück« herauskommt.

Wie absurd es ist, Effizienzkriterien als Maßstab für das Leben zu nehmen, illustriert folgende Anekdote sehr eindrücklich. »Das Vorstandsmitglied eines Großunternehmens hatte Konzertkarten für

Schuberts unvollendete Symphonie bekommen. Er war verhindert und schenkte die Karten seinem Fachmann für Arbeitszeitstudien und Personalplanung. Am nächsten Morgen fragte der Chef den Mitarbeiter, wie ihm denn das Konzert gefallen habe. Anstelle einer Antwort überreichte ihm der Experte ein Memorandum, in dem es hieß:

> »a) Für einen beträchtlichen Zeitraum hatten die vier Oboe-Spieler nichts zu tun. Ihr Part sollte deshalb reduziert, ihre Arbeit auf das ganze Orchester verteilt werden (...)
> b) Alle zwölf Geiger spielten die gleichen Noten. Das ist unnötige Doppelarbeit. Die Mitglieder dieser Gruppe sollten drastisch gekürzt werden. Falls wirklich ein großes Klangvolumen erforderlich ist, kann dies durch elektronische Verstärker erzielt werden.
> c) Erhebliche Arbeitskraft kostet auch das Spielen von Zweiunddreißigstel-Noten. Das ist eine unnötige Verfeinerung. Es wird deshalb empfohlen, alle Noten auf- bzw. abzurunden. Würde man diesem Vorschlag folgen, könnte man preiswertere Volontäre und andere Hilfskräfte einsetzen.
> d) Unnütz ist es, dass die Hörner genau jene Passagen wiederholen, die bereits von den Saiteninstrumenten gespielt wurden.
> Würden alle überflüssigen Passagen gestrichen, könnte das Konzert von 25 auf vier Minuten verkürzt werden.«[50]

Versäumnisangst und Ausschlussangst

Das »Unendlich-viel-Erleben in einem endlichen Leben« ist eines der zentralen unbewussten und unheimlichen Zeitmodelle, auf denen in der abendländisch-spätmodernen Kultur viele psychische, kulturelle, gesellschaftliche und ökonomische Beschleunigungsprozesse basieren. Hinter alldem schwillt eine der aktuellsten Ängste an: die Versäumnisangst, die sich bis zum öffentlichen Versäumnisterror verstärkt: Du bist nicht dort, wo die tollsten, schönsten, besten Dinge stattfinden! Die Angst, Möglichkeiten und Gelegenheiten nicht genutzt zu haben und deshalb auch den gesellschaftlichen Anschluss zu verpassen, schlichtweg nicht mehr dazuzugehören, ist eine spätmoderne Dauersorge. Ausschlussangst und Versäumnisangst steigern sich gegenseitig. Das schlägt sich auf unser Zeitempfinden nieder, die Zeit wird knapp. Sie ist scheinbar immer zu wenig vorhanden. Wurden wir früher auf das Jenseits vertröstet, leiden wir heute unter Diesseitsvertröstungen: Möglichst viel, möglichst bald, möglichst jetzt. Das Leben als letzte Gelegenheit![51] »Allerdings«, so formuliert der Soziologe Niklas Luhmann bereits 1969,

> »die Zeit an sich ist nicht knapp. Der Eindruck der Zeitknappheit entsteht erst aus der Überforderung des Erlebens durch Erwartungen. Erlebnisse und Handlungen brauchen ihre Zeit und lassen sich daher in einer gegebenen Zeitstrecke nur begrenzt unterbringen. Zeithorizont und Erwartungsstruktur müssen daher in Einklang gebracht werden.«[52]

Wenn das nur so einfach wäre!

Verdrängte Lebensfragen

Wer also genau hinschaut, sieht: Es geht in diesem heimlichunheimlichen Zeitkonzept nur indirekt um die Zeit, wenn es um die Zeit geht. Hinter Zeitfragen stehen häufig Sinnfragen. Zeitfragen hängen zusammen mit Verlustängsten und Sicherheitsbedürfnissen, mit inneren und äußeren Zielen und Wünschen, mit der eigenen leiblichen Verfasstheit, die uns Zeit und Raum hineinbannt, mit Hoffnungen und Wahrnehmungsstrukturen. Möglicherweise sind nicht die Beschleunigung und Zeitknappheit die Probleme der Gegenwart, sondern der Verlust an Wertmaßstäben, im Vielen das Eine zu wählen und bei der Wahl gelassen zu bleiben.

Noch tiefer hingeschaut: Der moderne Mensch des westlichen Kulturkreises möchte die »Zeit« ja nicht um ihrer selbst willen »haben«, sondern nur, weil er hofft, wenn er mehr davon hätte, würde er glücklicher sein. Der scheinbare »Mangel an Zeit« wird ja von den meisten Menschen auch als eine Abwesenheit von Glück wahrgenommen. Das Empfinden des Zeitmangels ist ein Unzufriedenheitsmesser. Je mehr ich empfinde, die Zeit entschwindet mir, desto mehr meine ich mit dieser Aussage: Ich werde gelebt. Ich überlebe, aber ich lebe nicht! Dabei ist ein nicht weniger zeitintensiver Weg der Selbsterkenntnis nötig, um vom Überleben zum Leben zu kommen. So sagte mir ein befreundeter, erfolgreicher Innenarchitekt: »Bis dreißig stellt man sich einige Fragen einfach nicht, und ab dreißig kommen sie, aber man hat keine Zeit dafür, verlässliche Antworten zu finden.«

Zeit sparen?

Es ist jedoch eine Illusion unserer Gegenwart zu glauben, dass zeitsparende Maschinen, Geschwindigkeit und Mehrfachtätigkeiten (Multitasking) den eigentlichen Mangel an geglücktem Leben beseitigen könnten. Im Gegenteil: Wie zeitsparend ist zum Beispiel der Computer wirklich? Geräte haben eine Zeit absorbierende Wirkung. Mobiltelefone und Smartphones verdünnen die Zeit, da sie uns nicht selten in ein schnelles Reaktionsschema pressen. Außerdem heißt Zeit haben nicht automatisch, dass unser Leben gelingt. So mancher gewinnt ja Zeit, um sie nachher totzuschlagen, weil er gar nicht weiß, was das für ihn heißen könnte, mit sich im Frieden zu sein. Was soll das sein: gelungenes Leben? Stattdessen wird beschleunigt, um den Mangel durch das Viele zu sättigen. Tempo ist dann so etwas wie eine gnädige Anästhesie, eine Betäubung tiefer liegender Fragen. Wie heißt es so schön: »Operationale Hektik ist ein Zeichen von geistiger Windstille.« Eine Gesellschaft beschleunigt, deren geistige Sinnhorizonte verblassen.

Die Rede von Zeit und der Zeitknappheit ist nicht selten eine verbergende Floskel. Eine gute Möglichkeit, sich selbst auf die Spur zu kommen, ist, statt »Zeit« einmal »Leben« zu sagen und zu beobachten, was dann passiert. Unsere Wahrnehmung verändert sich augenblicklich: »Ich habe kein Leben.« »Ich leide unter Lebensknappheit.« »Ich habe Lebensprobleme.« Es wird deutlich, wie unser Denken und Sprechen über die Zeit uns dazu verführt, auf einer bestimmten Ebene zu bleiben und die dahinterliegenden Probleme nicht zu erfassen. Wenn wir sagen: »Ich habe keine Zeit«, scheint es etwas zu sein, was außerhalb unserer Verantwortung liegt. Wenn wir sagen: »Ich habe kein Leben«, sprechen wir von uns.

Häufig ist die Frage nach dem rechten Umgang mit der Zeit ein bewusstes oder unbewusstes Ausweichen vor der eigenen Lebensthematik. Lebensfragen *grundsätzlich* in Zeitmanagementfragen umzumünzen ist genauso illusorisch, wie Lebenszufriedenheit mit dem Kontostand messen zu wollen. Sie können sehr beschäftigt sein und zugleich sehr zufrieden, und Sie können mit wenig Geld durchaus glücklich werden. Ein Unternehmer aus einer kleinen deutschen Stadt brachte nach seinem ersten Herzinfarkt sein Streben nach immer mehr Geld für sich folgendermaßen auf den Punkt: »Ich dachte immer, ich gewinne Zeit und Leben hinzu, wenn ich mehr Geld habe, aber eigentlich bin ich doch am Ende nur die reichste Leiche auf dem Friedhof.«[53] Zeit und Geld sind ohne Qualität und Sinn. Die Menge der Zeit ist sehr relativ. Wie schon Einstein bemerkte, sind zwei Stunden, mit einer Geliebten verbracht, relativ kurz, zwei Minuten auf einer heißen Herdplatte gesessen dagegen relativ lang. Zeit, Zeitangaben und die gemessene Zeit sind demnach Möglichkeiten, Potenzialitäten und hängen stark von unseren Empfindungen ab. *Was* in der Zeit jeweils getan wird und *wie* jemand das tut, was er da tut, ist entscheidend und verleiht der Zeit Qualität und Sinn.

»Sein und Zeit«

In den letzten Jahrzehnten ist das Thema »Sein und Zeit« zum Alltagsthema geworden. Wir reden und schreiben so viel über Zeit wie niemals zuvor und doch verstärkt sich der Eindruck: »Eigentlich bin ich ganz anders, nur komme ich so selten dazu« (Ödön von Horvath). Das führt zur allerorts hörbaren Klage: »Alles hat seine Zeit – nur ich habe keine.« Die ständige Rede von der Zeitknappheit ist ein Signal der Selbstentfremdung des Menschen, ein Signal des Verlustes der Mitte.

Welche Mittel man auch immer nutzt, alles Denken, alles Schreiben, alles Reden über »Zeit« ist Heimweh nach jener Zeit, in der man sich nicht mit der Zeit beschäftigen musste. Es ist die Sehnsucht nach dem Ursprung und der Wunsch, zu ihm zurückkehren zu können. Deshalb schlägt ja dem Glücklichen keine Stunde. Wenn wir die Zeit erforschen, wollen wir uns selbst erforschen, um uns endlich einmal selbst zu begegnen. Denn »an vielen ist das Leben schon vorübergegangen, während sie noch die Ausrüstung für das Leben zusammensuchten«, bemerkt Seneca, ohne eine Ahnung davon zu haben, was an Beschleunigung noch so alles auf die Menschheit zukommen sollte.

Was ist Zeit?

Diese Frage stellt sich auch Thomas Mann in seinem Roman »Zauberberg«. Seine Antwort: »Ein Geheimnis – wesenslos und allmächtig.« Ich gebe mich, nachdem Augustinus bereits 1400 Jahre zuvor zu dem gleichen Ergebnis kam, mit der Auskunft Adalbert Stifters zufrieden, wenn er schreibt: »Kein Sterblicher hat noch ausgesagt, was die Zeit ist, und kein Sterblicher weiß, was die Zeit ist.«[54] Ich verzichte bei der Frage nach dem, was die »Zeit« ist, auf eine Antwort. Manche Probleme soll man – so Wittgenstein – nicht lösen, man sollte viel eher von ihnen erlöst, geheilt werden. Versuchen wir stattdessen herauszufinden, was wir mit dem machen, was wir »Zeit« nennen.

Mit »Zeit«, d. h. eigentlich mit Zeitkonzepten, füllen wir die Leere, vor der uns graut. Wir konstruieren Gewissheiten und Ordnungen im Hinblick auf das Vergängliche. Es ist nicht *die* Zeit, die wir messen, nein, wir messen Veränderungen, Dynamiken, Prozesse und nennen dies »Zeit«. Die Uhr misst demnach nicht die »Zeit«, vielmehr ist es der Lauf der Zeiger, den wir als »Zeit« bezeichnen und mit besonderen Maßstäben etikettieren (Stunde, Minute, Sekunde). Dieser Sachverhalt verleitet Einstein dazu, die Zeit als eine »hartnäckige Illusion« zu kennzeichnen.

Unser Zeitbewusstsein entwickelt sich in enger Verbindung mit Entwicklungsprozessen in der Umwelt. Dort, wo sich nichts ändert, herrscht die Zeitlosigkeit. Wir sprechen im Alltag davon, dass »die Zeit stehengeblieben ist«. »Zeit« ist kein Gegenstand, sie ist ein Orientierungsmittel, um Sicherheit in der sich wandelnden Welt zu gewinnen und zu schaffen. Alle jene, die mit »Zeit« und durch »Zeit« Ordnung schaffen (z. B. indem sie Zeiteinteilungen verbindlich festlegen), erzeugen zeitliche Gegebenheiten mit teilweise dramatischen Auswirkungen auf die Individuen, die Gemeinschaft und die Gesellschaft. Daher ist die »Zeit« ein menschengemachtes Netz, in dem man Spinne und Fliege zugleich ist. Indem wir die »Zeit« kontrollieren, kontrollieren wir uns selbst. Wir produzieren, so gesehen, jene »Zeit«, die auf uns wirkt.

Es sind nicht alle Zeiten gleich. Wir kennen die Schnelligkeit, die Langsamkeit, die Aktivität, das Ruhen, die Veränderung, die Stabilität. Die Dinge, die Prozesse, die Systeme haben ihre je eigenen Zeiten. So wird zu recht zwischen Ereigniszeit und physikalischer Zeit unterschieden. Eine Barocktreppe hat – oder besser: provoziert – eine andere Zeit als eine Rolltreppe. Wir reden, wenn wir schnell gehen, miteinander anders und über etwas anderes, als wenn wir schlendern. Jede Straße, jeder Stadtbezirk, jede Gesellschaft hat eine eigene zeitliche Bewegungsanweisung, einen typischen temporalen Aufforderungscharakter – und wir reagieren darauf. Die Gerade z. B. beschleunigt, der krumme Weg verlangsamt den Schritt. Das Rationale dient in den meisten Fällen der Beschleunigung, der Zeitkontrolle und der Zeitverdichtung. Das Fantastische, das Irrationale, das Gefühlvolle, das Soziale hingegen tendieren zu Verzögerung, zu Abschweifungen, zu Umwegen. Wir brauchen beides: Schnelligkeit und Langsamkeit. Ein schönes Beispiel dafür liefert Charles Dickens. Er schildert präzise Verhaltensweisen zum Einfangen eines davongeflogenen Hutes:

> »Es gehört keine geringe Kaltblütigkeit und ein besonderer Grad von Beurteilungskraft dazu, einen fortrollenden Hut wieder einzufangen. Man darf nicht zu sehr eilen, sonst stürmt man über ihn hinaus; man darf nicht zu langsam sein, sonst verliert man ihn. Die beste Art, ihn einzufangen, ist, möglichst in gleicher Linie mit dem verfolgten Gegenstand zu bleiben, behutsam und vorsichtig zu sein, die Gelegenheit hübsch abzuwarten, ihm allmählich vorzukommen, dann plötzlich die Hand auszustrecken, ihn bei der Krempe zu ergreifen und fest auf den Kopf zu drücken. Dabei empfiehlt es sich, fortwährend zu lächeln, als hielte man alles für einen ebenso guten Spaß wie jeder andere.«[55]

Die Moral von der Geschichte: Behütet ist man im Leben nur dann, wenn man sowohl langsam als auch schnell sein kann. Die Schnelligkeit braucht die Langsamkeit, wenn sie sinnvoll und erfolgreich sein soll – und ebenso braucht die produktive Langsamkeit auch die Möglichkeit zur Schnelligkeit. Die eine zeitliche Lebensform muss in der anderen in fruchtbarem Sinne aufgehoben sein. Das anzustrebende Ideal ist die »versöhnte Verschiedenheit« unterschiedlicher Zeitformen. Nur so können auch wir versöhnt leben. Wir brauchen Beschleunigung und Stillstand, wir brauchen Kurzfristigkeit und Langfristigkeit, wir brauchen Mobilität und Sesshaftigkeit.

Doch am wichtigsten ist die Relativierung der Zeit als Zeit. Unser Verhältnis zum Phänomen Zeit ist eng verbunden mit unserer Einstellung zu den Themen »Sterben« und »Tod«. Wer die Sterblichkeit verdrängt, gibt sich der Illusion hin, dass es sinnvoll ist, immer weiter zu beschleunigen und dabei auf eine vage Zukunft zu hoffen. Die andere Möglichkeit ist, die Begrenztheit unseres Lebens zu akzeptieren, um dadurch die Unwiederbringlichkeit eines jeden Momentes unserer Existenz zu erkennen und genießen zu können.

Menschen kommen in existenziellen Situationen, wenn ein naher Angehöriger stirbt oder sie selbst schwer erkranken, oft sehr plötzlich zu einem völlig veränderten Umgang mit der Zeit. Sie reagieren nicht mit Beschleunigung, sondern nehmen auf einmal bewusst und intensiv den Moment wahr. Es ist kein Zufall, dass in unserer Gesellschaft Zeitprobleme und die Verdrängung des Todes zusammenfallen. Die Einsicht dagegen, dass ich sterben muss, kann mir enorme Kraft geben, bestimmten Beschleunigungstendenzen in meinem Leben entgegenzuwirken.

Die christliche Haltung zur Zeit

Nach christlichem Selbstverständnis hat nur einer keine Zeit mehr, das ist der Teufel, denn seine Zeit ist abgelaufen. Gottes Ewigkeit ist unsere Zeit. Dabei ist die Zeit Gottes erster Einfall und das im doppelten Sinne: zum einen im Sinne des schöpferischen Einfalls, zum anderen als »Einfall« Gottes auf uns zu, d. h., er berührt uns im Vergehen der Zeit beständig. Die Zeit ist die erste Weise der Gottesbegegnung. Um das zu verstehen, müssen wir zum Buch der Anfänge, zur Genesis, zum Schöpfungsmorgen.

»Im Anfang schuf Gott Himmel und Erde; die Erde aber war wüst und wirr; Finsternis lag über der Urflut, und Gottes Geist schwebte über dem Wasser. Gott sprach: Es werde Licht. Und es wurde Licht. Gott sah, dass das Licht gut war. Gott schied das Licht von der Finsternis und nannte das Licht Tag, und die Finsternis nannte er Nacht. Es wurde Abend, und es wurde Morgen: erster Tag« (Gen 1,1–5).

Am ersten Schöpfungstag schafft Gott Licht und Finsternis. Dadurch wird der Rhythmus der Zeit. Die Schöpfung hebt zusammen mit der Zeit an. Tag und Nacht entstehen: erster Tag. Die Schöpfungserzählung zeigt weiter: Die ganze Schöpfung und mit ihr der Mensch sind auf den siebten Tag hin geschaffen. Der siebte Tag: Sabbatruhe ist der Sinn der Zeit, die erfüllte Zeit in der »Ruhe Gottes«.

Gottes erster Einfall ist die Zeit. Sie arbeitet auf ihn hin. Die Endlichkeit bezeugt die Ewigkeit mit allen Facetten: Karies, Rheuma, Altersweisheit... Mit der Zeit fällt Gott in allem ein: in die Beziehungen, in jede Gemeinschaft, in die Menschheitsgeschichte, in mein Leben. Die Zeit bezeugt, wem wir gehören, auf wen wir zugehen. Die Unumkehrbarkeit der Zeit ist Gottes erster Fingerabdruck in der Schöpfung, seine stille Strömung, mit der er alles ergreift, Zeichen seines Geist-Wirkens. »Lehre mich, meine Jahre zu zählen, und ich gewinne ein weises Herz«, spricht der Psalmist (vgl. Ps 90,12). Der Frage der Zeit in ihrem existenziellen Gewicht ausweichen heißt, Gott nicht wahrnehmen zu wollen. Beschleunigte Zeit ist verdrängte Zeit, Zeitanästhesie. Nur wer sich der Zeit stellt, erfährt den Einfall Gottes. Alle Zeit geht auf die Ruhe in Gott zu! Wir feiern als Christen am Sonntag, dem achten Tag der Woche, die »erlöste Zeit«, jenseits des Todes mitten im Leben, die Ewigkeit im Jetzt. Die Auferstehung Jesu am Sonntag, am Tag nach dem Sabbat, ist der Anfang der neuen Schöpfung (erster Tag der Woche) und zugleich die Vollendung jedes Sabbats (der achte Tag).[56]

Das alles will sagen: Die Heiligung der Zeit, d. h. die Öffnung der Zeit auf ihren Ursprung Gott hin (im Sonntag, im Morgen-, Abend- und Tischgebet, in Zeiten der Unterbrechung für Gott relativieren wir die Zeit zum Ewigen hin), lehrt uns am meisten über unser

Leben, denn sie gibt uns eine Geborgenheit in der Vergänglichkeit des Daseins, sie befreit von der ständigen Verzweckung. Wer diese letzte Offenheit gewinnt, muss nicht ständig über die Zeit reden.

Lebenskunst, die Kunst der Zeit

Wann immer wir glauben, dass wir über die Zeit reden, reden wir eigentlich über Zeitkonzepte, denn es gibt nicht *die* Zeit. *Die* Zeit ist nicht definierbar, aber allmächtig, da sie uns immer als endliche Geschöpfe offenbart! Unsere Sprache ist verräterisch, denn unsere heimlichen Zeitkonzepte verbergen sich bereits hier: »Man muss die Zeit nutzen«, »Zeit ist Geld«, »schneller ist besser als langsam«, »Zeit kann man haben, sparen oder vertrödeln«, »er hat alle Zeit der Welt«, »dem Glücklichen schlägt keine Stunde«. Die meisten Zeitprobleme lassen sich deshalb nicht einfach nur durch Zeitmanagement lösen, weil sich mit dem bloßen Verwalten der zur Verfügung stehenden Zeit nichts an dem Zeit*erleben* ändert. Es handelt sich hierbei also nur um kosmetische Maßnahmen an der Oberfläche, welche die darunterliegenden Antreiber meist im Verborgenen lassen. Sie zu (er)kennen ist daher der Schlüssel zu einer anderen Wahrnehmung von Zeit. Erst wenn man sie kennt, kann man an seinem Zeiterleben etwas ändern. Hinter Zeitfragen stehen immer auch Sinnfragen. »Zeitprobleme« haben immer zu tun mit dem individuellen Wertesystem. Was ist mir wichtig, wofür kann ich mich begeistern, wovon träume ich? Es gilt zu unterscheiden zwischen quantitativen (mehr Geld, mehr Macht, mehr Erfolg) und qualitativen Zielen (Gelassenheit, Sinnhaftigkeit, Balance und Lebenszufriedenheit).

Wer jedoch relative Zeitsouveränität (eine absolute kann es nicht geben!) gewinnen will, die weit mehr ist als Zeitmanagement, muss den Unterschied zwischen der kleinen und der großen Freiheit kennen. Eine große Freiheit wäre es, wenn wir gegenüber den hohen Gütern wie Besitz, Unabhängigkeit, Ansehen und Gesundheit eine gewisse Unabhängigkeit erreichen könnten. Wer dies will, stößt auch auf die religiöse Dimension des menschlichen Lebens.

Der Mensch ist eine Brücke über den Fluss der Zeit, sie ruht auf zwei Ufern, seinem Woher von Gott und seinem Wohin zu Gott. Wer sein Woher und Wohin nicht kennt, den wird der Strom der Zeit umspülen und irgendwann davontragen. Es bleibt eine wegweisende Frage im Umgang mit der Zeit, ob wir die Begrenztheit unseres Lebens verdrängen oder akzeptieren können. Wie? Und woher? Darauf muss sich jeder seine Antwort geben. Sie entscheidet über die letzte Ausrichtung unseres Umgangs mit der Zeit.

Die Unumkehrbarkeit und Begrenztheit der Zeit konfrontiert mit der »Endlichkeit«. Sie ist mehr als das Verrinnen der Zeit. Sie spiegelt die grundsätzliche Begrenzt- und Bedingtheit des Menschen. Damit stellt sich eine der relevantesten Fragen für jedes gelingende Leben: Wie sollten wir mit den eigenen Grenzen und denen der anderen, denen wir tagtäglich begegnen, umgehen? Die »Fähigkeit zur Grenze« ist höchste Lebenskunst, die weit über unser Vermögen hinausgeht, gerade weil sie sich der Wirklichkeit der Grenze stellt.

4
Grenzen – gegeben und aufgegeben

Überall sind sie zu finden: Mauern, Zäune, Limitierungen, Grenzen, Begrenzungen. Manches ist für uns »grenzwertig«, es ist nicht mehr verkraftbar. Abgrenzungen gehören zu einer ausbalancierten Lebensführung genauso wie das Wagnis, alte Wege zu verlassen und bisherige Grenzen zu überschreiten. Wir sprechen von »Grenzen des Wachstums« in der Wirtschaft, aber finden sie nicht nur dort, sondern auch im eigenen Leben.

Jede menschliche Begegnung ist ein Grenzverkehr! Damit sie gelingen kann, ist ein guter Ausgleich von Grenzziehung und Grenzüberschreitung notwendig, von Schutz und Sich-Öffnen, von Sich-Abgrenzen und Sich-Hingeben. Begegnung geschieht, so gesehen, immer an der Grenze.

Auf Schritt und Tritt ist der Mensch mit Grenzen konfrontiert. Wie erlebe ich das? Der Umgang mit den eigenen Grenzen und denen anderer ist eine Herausforderung, die sich durch unser ganzes Leben zieht. Was bedeuten mir Grenzen? Wie gehe ich damit um? Niederreißen? Überschreiten? Aufrichten – de-finieren? Was für eine »Grenztyp« bin ich? Der Forscher? Der Kämpfer? Der Abenteurer? Oder: Der glückliche Schrebergartenbesitzer? Der Balkonliebhaber?

Welche Empfindungen steigen in mir auf angesichts von Grenzen? Sicherheitsgefühl? Geborgenheit? Beheimatung? Ohnmacht? Wut? Trauer? Aggressivität?

Wie auch immer ich diese Frage mit ihren unzähligen Varianten beantworte, der Mensch muss mit der Grenze umgehen lernen. Mehr noch: Erst durch eine ernsthafte und redliche Auseinandersetzung mit dem Thema »Grenze« gelangen wir zu einem bewussteren und wesentlicheren Menschsein. Der Grenzenlose ist der Verschwommene, der nicht definierbare Typ, aber oft auch der Übergriffige, der die Grenzen anderer nicht achtet. Identität und Charakter gibt es nicht ohne einen guten Umgang mit Grenzen.

Der große evangelische Theologe Paul Tillich hat seiner Autobiografie den Titel »Auf der Grenze« (1962) gegeben. Er, der aus Hitlerdeutschland nach Amerika fliehen musste, hat sich als Grenzgänger eines erneuerten christlichen Denkens hervorgetan. Er bekennt rückblickend: »Die Grenze ist der eigentlich fruchtbare Ort der Erkenntnis.«[57] Ich möchte einladend und herausfordernd ergänzen: Die Grenze zu kennen *und* zu lieben ist Glück![58] Na ja, ist das nicht nur einer dieser schillernden Postkartensprüche, die irgendwelche unerreichbaren Sterne am Horizont aufscheinen lassen und am Ende nur die Frustration besiegeln? Wie komme ich zur wahren Erkenntnis meiner Grenzen? Und wie lerne ich sie gar zu bejahen und zu lieben? Ist das nicht zu euphemistisch gesagt? Beides, das Zugleich von Erkennen und Lieben der Grenzen, aber setzt, so scheint mir, ein ganz bestimmtes Verständnis von Grenze voraus. Grenzen sind nicht nur Orte, wo etwas aufhört, sondern auch und zuerst, wo etwas anfängt. »Wer die Grenze sieht, hat schon über sie hinausgesehen.«[59]

Doppelter Anfang

Die Grenze ist Anfang. Zu mir hin gesehen: Ohne Abgrenzung *von* anderem und anderen (was nicht einfach heißt *gegen* andere) gibt es kein Wachsen eines eigenen Ichs mit seiner Freiheit und Eigenheit. Die eigene Grenze ist, aus diesem Blickwinkel gesehen, der Anfang, zu mir zu stehen und Stand zu gewinnen. Sie nötigt mich, mit mir selbst etwas anzufangen, mich zu ver-stehen! Nach außen gewendet ist die Grenze der Berührungsort, der Anfang der Begegnung, des Überschrittes und Übergangs. »Da ist Ich und Nicht-Ich. Schon bei meiner Nase beginnend erstreckt sich das Nicht-Ich ins Unendliche.«[60] Das ist erschreckend, aber auch bereichernd. Die Grenze ist die Eröffnung des anderen, auch wenn es mir fremd und unverfügbar ist. Wer die Grenzen nicht als Ende, sondern als »doppelten Anfang« zu sehen und zu verstehen lernt, der wird sich mehr und mehr trauen, sich ihnen zu stellen. Sie sind ihm Einladung, mit sich selbst bewusster umzugehen, mit sich neu anzufangen oder eine Begegnung an der Grenze zu suchen, die im Letzten aus mehr als aus der eigenen Aktivität entspringt. An jeder Grenze erscheint die Grundpassivität des Menschen, die dem modernen autonomen Selbstbewusstsein in die Quere kommt und deshalb nicht selten Überreaktionen hervorruft: Abwehr, Gewalt oder Betäubung.[61]

»Der Mensch kann sich selbst nur bestimmen, insofern er sich als von anderem bestimmt erfährt.«[62] Das ist die Erfahrung der Grenze. Wir lernen sprechen, insofern wir angesprochen werden. Keiner von uns kann aus sich selbst sprechen. Nur insofern uns Liebe begegnet, lernen wir lieben. Die Liebe ist nicht »zu machen«, sondern zu empfangen und zu geben. Wir gehen aus uns hinaus, sofern man auf uns eingeht. Im Menschen gibt es eine schöpferische Spannung zwischen eröffnender Passivität (angesprochen werden, geliebt sein, gewollt sein …) und ermöglichter Aktivität (antworten, lieben, über uns hinausgehen). Die schöpferische Spannung zwischen Passivität und Aktivität ist zugleich das Kriterium wahrer Grenzen des Menschseins.

Die Welt in Grenzen

Nach der ersten Schöpfungserzählung weist Gott allem seinen Ort und seine Grenze zu. Im Tohowabohu, im Durcheinander der realen Geschichte sieht der glaubende Blick die Welt als göttliche, als Grenzsetzung, genauer, als Fügung bzw. Fuge. Die Schöpfungserzählung ist für Israel der Garant, dass der eine Gott Himmel und Erde in ihrer bergenden Ordnung hält, trotz gegenwärtiger Wirrnisse und des menschlich begrenzten Wissens vom Lauf der Geschichte. Er scheidet Licht von Finsternis, Tag von Nacht, Himmel und Erde, Wasser und Land, Pflanzen, Tiere und Menschen. Er scheidet, indem er begrenzt und es zueinander fügt. Das gottgeschenkte Lebenshaus der Welt ist Kosmos. Kosmos heißt Ordnung und Schönheit. Gott setzt seiner Welt Grenzen in seiner grenzenlosen Güte, denn nichts braucht Gott zu sein, alles darf und soll Welt sein und darin soll der Mensch Ebenbild, Stellvertreter Gottes, Anwesenheit Gottes inmitten der Geschöpfe sein. Gerade weil er sein

Ebenbild ist, brennt in ihm die Sehnsucht nach Fülle. Wohltuend und wohlwollend ist die Unterscheidung zwischen Gott und Mensch.

> »Der Mensch muss nicht Gott spielen und nichts in der Welt braucht vergöttlicht oder verteufelt werden. Im Wissen um die Grenzenlosigkeit göttlicher Schöpfertreue kann und soll der Mensch das Dasein in der begrenzten Welt als Geschenk begreifen und bewahren.«[63]

Doch von Anfang an ist faktisch die Angst, zu kurz zu kommen, da und deshalb der Stress, selbst wie Gott sein zu wollen (wie immer die kleinen Götter und Göttinnen sich das Gottsein auch vorstellen mögen). Die zweite Schöpfungserzählung vom Garten Eden berichtet deshalb von einer Grenzüberschreitung, die bis heute anhält, und damit von der nicht endenden Gefährdung der gottgeschenkten Schöpfungsordnung. Aus der Versäumnisangst, zu kurz zu kommen, und der Lust, grenzenlos zu werden, übertritt der Mensch (ständig) die gottgeschenkte Grenze. Er will faktisch nicht Mit-Mensch sein, sondern mehr als Mensch – und genau das stört und zerstört die Lebensverhältnisse. Gott ist unermüdlich an der Arbeit gegen solchen Un-Fug und damit beschäftigt, den Menschen an seinen Ort im Weltgefüge zurückzurufen. Daher die Erwählung Abrahams, der Bundesschluss mit Mose und die Übergabe der Zehn Gebote, die lebenswichtige Grenzen des Miteinanders aufrichten, und immer wieder das Erinnern durch die Propheten.

Grenzkraft des Glaubens

Der christliche Glaube ist Ausdruck einer grundlegenden Grenzerfahrung, denn er verbindet in neuer Radikalität Himmel und Erde, Göttliches und Menschliches und den menschlichen mit dem göttlichen Willen. Bis hinein in das Bekenntnis, dass Jesus Christus der Sohn Gottes, »wahrer Gott« und »wahrer Mensch« ist, »unvermischt und ungetrennt«, erweist sich der christliche Glaube als Grenzgängertum.[64] Der christliche Glaube ist die Kraft, Ja zu sagen, aus Gottes Ja zu dieser Welt und seiner Schöpfung. Glaube ist das Ja zu *diesem* Leben, zur Endlichkeit und Begrenztheit, an ihr zu arbeiten und zugleich – dieses zugleich ist wichtig – sie offenzuhalten für eine bezeugte und verbürgte Zukunft, die Gott in Jesus gewährt. Beides wird uns im Leben, Sterben und in der Auferstehung Jesu greifbar vor Augen gestellt: Bejahung des Endlichen und unendliche Weitung, dafür stehen realsymbolisch die verklärten Wunden des auferstandenen Herrn inmitten seiner Jünger.

Glaube ist Bejahung und Öffnung. Daher ist Glaube Grenzkraft. Glaube ist die Kraft, immer wieder anzufangen, mit sich selbst, weil Gott etwas mit einem selbst anfangen kann, selbst im Tod – die neue Schöpfung! Allerdings, Glaube ist kein »Über-den-Dingen-Stehen«, er ist kein fauler Friede, keine falsche Gelassenheit am Leiden vorbei. Er ist nicht eine aufgebaute Gleichgültigkeit, um die eigene verzweifelte Lage nicht fühlen zu müssen und deshalb alles um mich herum und in mir selbst abzuwerten und zu verachten, damit ich nicht weiter verletzbar bin. Er ist keine Flucht vor dem emotionalen Engagement. Für den Glauben gehören Leidens- und Liebesfähigkeit zusammen und aus ihm kommt ein Frieden, der alles Verstehen übersteigt (vgl. Phil 4,7). Das Geheimnis von »Kreuz und Auferstehung« steht für die Bejahung des Lebens bis ins Leid hinein und für die Öffnung unserer Wirklichkeit über unsere Möglichkeiten hinaus.[65]

Bereits das Alte Testament weiß um die Spannkraft und Grenzkraft des Glaubens. So betet z. B. der Psalmist (Ps 147) im Alten Testament:

> Lobt Gott,
> Ihm zu singen, macht froh
> Ihn zu preisen, beglückt
>
> Er heilt die zerrissenen Herzen
> Und verbindet ihre Wunden
>
> Er hat die Zahl der Sterne bestimmt
> Und ruft sie alle mit Namen
>
> Groß ist Gott und reich an Kraft
> Seine Weisheit ist unergründlich

> Er hilft den Gebeugten auf
> Den Stolzen erniedrigt er in den Staub
>
> Er freut sich nicht an Menschen, die stolz einherschreiten
> Und wie Kriegsrosse sich gebärden
> Und nicht an den Kräften eines Mannes
> Der Herr hat Freude an denen, die ernst machen,
> ihm zu gehören,
> die ihr Herz öffnen, um seine Freundlichkeit zu empfangen
>
> Er hat die Kinder in deiner Mitte gesegnet –
> Er verschafft deinen Grenzen Frieden.[66]

Der Psalm spricht vom Frieden unserer Grenzen, gerade dort, wo unser Herz zerrissen ist, wo weder der eigene auf sich beharrende Stolz, unsere Selbstillusionen, noch Machen und »Manpower« weiterhelfen. Es ist wohl kein Zufall, dass das Wort »Frieden« ursprünglich von »Umfriedung« stammt, d. h., es gab nicht überall Frieden, sondern oft nur in einem geschützten Raum. Dort also, wo es Ereignisse, Dinge, Gegebenheiten anzunehmen gilt, die für uns unübergehbar sind, soll uns ein neuer Raum geöffnet werden, der Frieden gibt. Wie schenkt Gott diesen Raum des Friedens? Wie soll das mit uns »gehen«, wo manchmal nichts mehr geht? Der Psalm antwortet: »Der Herr hat Freude an denen, die ernst machen, ihm zu gehören, die ihr Herz öffnen, um seine Freundlichkeit zu empfangen.« Ernst machen mit Gott, ihn als wirklichen Halt wagen und deshalb ihm das Herz in der Grenznot öffnen und so empfänglich werden, dieser dreifach-einen Haltung gilt die Verheißung: »Er verschafft deinen Grenzen Frieden.«

Einige konkretere Schritte in den Raum des Friedens möchte ich versuchsweise in den folgenden Ausführungen vorlegen:
- die eigenen Grenzen wahrnehmen lernen
- mit diesen Grenzen in Berührung kommen
- die Leid-Grenze annehmen: zwischen Widerstand, Ausharren und Öffnen
- die erste und letzte Grenze menschlichen Daseins in den Blick nehmen: Geburt und Tod
- ernst machen mit Gott, unserem Halt.

Mut zur Wahrheit – Mut zur Grenze

Die Weisheit des Buches Kohelet spricht nüchtern aus, was wir an uns und an anderen nur allzu oft beobachten können: »Der Mensch kennt seine Grenzen nicht« (Koh 9,12).

Im Jahr 585 vor Christus wurde die Stadt Jerusalem zerstört. Sie ging unter. In den alttestamentlichen Klageliedern wird als einer der Gründe benannt: »Ihre Grenze bedachte sie nicht. Entsetzlich ist sie gesunken, keinen hat sie als Tröster« (Klgl 1,9). Das Volk Israel hat seine eigene Grenze nicht beachtet, es hat seine eigene Kraft überschätzt. Es hat nicht auf Gott gebaut, sondern auf politisches Taktieren und falsche Mächte. Nun ist Jerusalem in den Staub versunken. Ob für eine Gesellschaft oder für den Einzelnen: Damit Leben gelingt, müssen wir unsere Begrenztheit erkennen, annehmen und lieben. Zugleich müssen wir fragen: Worauf baue ich? Wer ist der »Fels meiner Hoffnung« (vgl. Ps 62,6)?

Viele Menschen stoßen sich schmerzlich an ihren Grenzen. Sie haben *fixe Vorstellungen* von ihrem Leben, Pläne und Konzepte. Sie suchen nach ihrem Traumpartner, den es selbst in Hollywood nicht gibt. Sie können es nur schwer akzeptieren, dass ihnen Grenzen gesetzt sind. Einige gehen »mit dem Kopf durch die Wand«. Eine bezeichnende Redewendung für schmerzhafte Grenzüberschreitungen. So hat sich jemand in den Kopf gesetzt, Medizin zu studieren, vielleicht auch, weil es sein Vater schon getan hat. Wenn er das Lernpensum nicht schafft, kann er sich das Scheitern nicht eingestehen. Er verharrt in einer »Schockstarre« an der Grenze. Manche wollen mit aller Gewalt ein selbst gestecktes Ziel erreichen. Oft überfordern sie sich, sie haben keine Zeit mehr für Freundschaften oder werden krank. Es gehört Mut dazu, zur eigenen Wahrheit zu stehen. Den Mut, zur eigenen Grenze zu stehen, nennt die christliche Tradition Demut.

Das Gegenteil der Demut ist die Hybris, der *illusionäre Hochmut*. In der Hybris identifiziere ich mich mit grenzenlosen Bildern, etwa mit dem Bild des Helden, der vor nichts erschrickt und sich nicht ängstigt, mit dem Bild des großen Helfers, der jedem zur Seite stehen kann, mit dem Bild des Heilers, der jede Krankheit zu heilen vermag, mit dem Macher, der alles kann, was er will. Die griechische Mythologie erzählt in zahlreichen Episoden, wie es Menschen ergeht, die ihre Grenzen nicht wahrhaben wollen. Prometheus ist das Bild eines Menschen, der seine Grenze leugnet. Er entreißt den Göttern das Feuer, die göttliche Kraft. Er raubt sich etwas, was dem Menschen nicht zusteht. Zur Strafe wird er an einen Felsen geschlagen und gefesselt. Ein Adler frisst täglich seine Leber, die dann immer wieder nachwächst. »Der Adler erinnert bildhaft an die Größenphantasien, die ihn zu seinem Tun verleitet haben, und weist ihn schmerzlich in seine Grenzen.«[67]

Es muss gar nicht die Hybris sein, die uns blind macht, manchmal sind es einfach *falsche Idealbilder*, denen wir folgen. Wir identifizieren uns verständlicherweise mit dem Bild, das wir idealerweise von uns haben. Das kann das Bild eines Menschen sein, der alles im Griff hat und alles schafft, was er sich vorgenommen hat: der erfolgreiche junge Mann, der immer einen coolen Spruch auf den Lippen hat, oder die selbstbewusste, dynamische Frau, die Familie und Beruf souverän miteinander verbinden kann. Oder es ist der belastbare Mitarbeiter, dem man viel zutrauen und zumuten kann, der keine Aufgabe ablehnt noch erschrickt. Oder das Idealbild des immer hilfsbereiten und freundlichen Menschen, der gerne zuhört, der einspringt, wo Not am Mann ist.

Die zu starke Identifikation mit unserem Idealbild macht uns blind für unsere eigene Wirklichkeit. Wir leben über unsere Verhältnisse, über unsere Grenzen. Das Risiko der Selbstüberschätzung ist groß.

Die Grenze berühren

Deshalb gilt es, nicht nur in diesem Zusammenhang, sondern darüber hinaus, immer wieder zu hören und hinzuspüren:
- Höre ich auf meinen Leib? Bin ich verspannt, verkrampft? Kenne ich mein Stressorgan? Bin ich mit ihm in Kontakt?
- Höre ich auf meine Seele? Was macht mich lebendig? Wo fange ich an zu »blühen«? Was inspiriert mich? Empfinde ich Unzufriedenheit, Erschöpfung, Härte? Nehmen andere um mich herum, und ich möglicherweise selbst bei mir, in meinem Sprechen *zunehmend* Bitterkeit, Zynismus, Aggression und Ironie wahr?

Dann kann es sein, dass ich meine Grenzen nicht beachte und aus trüben Quellen schöpfe wie Ehrgeiz, Perfektion oder Macht. Liegen hier starke Motivationen meines Handelns? Trübe Quellen erschöpfen, sie erzeugen ein Gefühl von Leere und Unzufriedenheit, weil wir uns ständig produzieren müssen. *Diese* Müdigkeit lähmt mich. Trotz Erschöpfung kann ich nicht schlafen.
- Kenne ich mein Lebensskript? Menschen und Begegnungen haben uns Sätze in die Seele geschrieben, die uns in Bann halten und steuern. Sie richten falsche Grenzen auf oder lassen uns echte Grenzen übersehen. Typische Sätze können sein: »Ich bin ein Versager, ein Verlierer, bei mir geht alles schief, ich werde nicht auf einen grünen Zweig kommen, ich kann das nicht. Keiner kümmert sich um mich! Was denken die anderen von mir! Da blamiere ich mich! Ich bin nur etwas wert, wenn ich etwas leiste. Indianerherz kennt keinen Schmerz! Sei ein Kämpfer...« Im Umgang mit den Lebensmustern ist zu bedenken: »Sich an äußere Grenzen zu halten genügt nicht, wenn die innere Einstellung gegen mich selber rebelliert.«[68] Hier gilt es, mit den »fixierenden Gedanken« umzugehen, sie mit einem anderen zu besprechen, um sie zu befragen, was für Botschaften sie enthalten und wie Schritte der Befreiung möglich sind.[69]
- Habe ich Kontakt mit meinen Bedürfnissen? Manchmal übersehen wir Grenzen bei uns und anderen, weil wir die eigene Bedürftigkeit nicht sehen wollen.[70] Wir haben materielle, soziale und geistig-spirituelle Bedürfnisse, die nicht voneinander getrennt werden können. Sie sind nicht zu übergehen. Sie zu ignorieren lässt uns fehlgehen. Sie können sehr gegensätzlich sein, wie z. B. das Bedürfnis nach Freundschaft und das Bedürfnis nach Autonomie, das Bedürfnis nach Anerkennung und danach, Widerstand zu leisten, das Bedürfnis nach Ordnung und nach Veränderung usw. »Es wäre gerade in solchen Situationen wichtig, das richtige Maß für sich zu entdecken. Dieses Maß findet nur, wer mit sich in Berührung kommt.«[71]
- Kenne ich meine Fähigkeiten und Grenzen? Sind sie erprobt oder »nur« fantasiert?
- Gibt es noch unverzweckte Begegnungen, wie präsent bin ich dort? Kann ich mich »fallen lassen« in tragenden Beziehungen?
- Ist noch Zeit für »die Blume am Weg«? Ist eine Grundachtsamkeit vorhanden?

- Halte ich hier und da inne, um auf meinen »Lebensbogen« zu schauen? Stimmen meine Ziele? Stimmen sie mit meinem Lebensstil überein?

Sicherlich, wir müssen und dürfen uns reiben an den Grenzen. Wir dürfen ausprobieren, ob wir die Grenze ein Stück weit überschreiten können. Vielleicht sehen wir aufgrund unserer Erziehung, einschneidenden Erfahrungen und eigenen Vorstellungen die Grenzen zu eng. Doch zur Weisheit menschlichen Lebens gehört es, sich einzugestehen, dass uns Grenzen gesetzt sind, die wir nicht überschreiten können. Wir alle haben unsere Grenzmarken: die Grenze unseres Leibes, die Grenzen unseres Geistes, die Grenze unserer Talente und nicht zuletzt die Zeitgrenze, die mit dem Älterwerden immer deutlicher wird.

Das Eingeständnis unserer Grenzen tut weh. »Wer allzu lange von seiner eigenen Wirklichkeit wegsieht und die Realität ignoriert, der wird allmählich blind für sie.«[72]

Grundsätzlich gilt: Im Angesicht des Endes zu leben, statt die eigene Begrenzung zu leugnen, das ist wahre Weisheit. »Meine Tage zu zählen, lehre mich, dann gewinne ich ein weises Herz«, sagt die Schrift (vgl. Ps 90,12). Meisterschaft erweist sich in der Fähigkeit zur Grenze, also zum *Kunsthandwerk der Begrenzung:* »Weniges ganz und regelmäßig tun ist besser als vieles halb und sporadisch. Das ist die Kunst, die zu lernen es wohl ein ganzes Leben bedarf.«[73]

Leid-Grenze

Nicht immer haben wir die »Voraussicht« auf unsere Grenze. Wir finden nicht das richtige Maß, sondern wir haben das »Nachsehen«! Allzu oft führt uns erst das Leiden an den Ort der Grenze. Leiden sind Grenzberührungen. Leiden kann in Hoffnung münden – es kann aber auch lethargisch, apathisch und zynisch machen. Es kann Menschen »verstümmeln« (Dorothee Sölle). Nicht nur für den kranken Menschen, sondern für jede erfahrene, nicht mehr zu übergehende Grenze gilt zunächst nicht auszuweichen, ja bewusst auszuhalten. Die erfahrene Schmerztherapeutin Monika Renz auf der onkologischen Station in St. Gallen hält in ihrem lesenswerten

Buch »Grenzerfahrung Gott. Spirituelle Erfahrungen in Leid und Krankheit« fest:

> »Bewusst aushalten, Spannung aufrechterhalten sind Worte, die nicht masochistisch interpretiert werden dürfen. Im Gegenteil: Sie setzen auf ein Potential im Leiden, das Antworten und Kräfte hervorbringt, wo sonst Menschen oft noch dumpf vor sich hin ›vegetieren‹. *Leiden wird dort kreativ, wo Menschen unverschönert aushalten und zugleich dem Prozess, dem Schicksal oder dem Leben oder Gott (wie immer sie das formulieren) schlussendlich mehr zutrauen.* In den Worten eines sterbenden Mannes: *›Indem ich mich so entscheide (für eine Hoffnung wider alle Hoffnung), bin ich selbst auch mehr als mein dahinvegetierender Körper.‹*«[74]

Das Leid führt mich zur Grenze. Wege der Hoffnung beginnen erst entscheidend, wo wir an diesem Ort des Schmerzes und der Sehnsucht ankommen. Tatsächlich müssen wir erst überhaupt spüren, dass uns etwas fehlt, was auch zum Leben und zu uns gehören möchte. Dann stehen wir an der Grenze. Im Leiden am Verlorenen beginnen das Abwandern der Grenze und die Suchbewegung zwischen Annahme und gewährter Verwandlung. Monika Renz sagt es mit anderen Worten:

> »*Es gibt kein Heil* (Frieden für meine Grenzen, L. Sch.) *an mir selbst, an meiner Sehnsucht, meiner Prägung, am Verlorenen und Leidenden in mir vorbei.* Flucht kann zwar vorübergehend Raum zum Verschnaufen verschaffen. Sie kann als Phase der Selbsttäuschung sogar bekömmlich sein. Verdrängen und Flucht sind bisweilen wichtig und erlaubt, aber sie sind nicht dauerhafte Antwort auf das Leiden (meine Grenzen, L. Sch.). Das Bewusstsein, etwas zu verdrängen, und damit auch die Sehnsucht nach echter Lösung müssen wach bleiben.«[75]

Wie aber umgehen mit diesem Unübergehbaren, mit den Grenzmarken, die uns im Leiden so besonders aufgehen?

> »*Aushalten ... und nochmals aushalten,* was nichts zu tun hat mit einer Mystifizierung des Leidens, sehr viel hingegen mit der

Bereitschaft zu fühlen und so (innerlich) lebendig zu bleiben. Nicht unterwürfig, nicht mich und mein Ego über das Schicksal erhebend, sondern durchaus rebellisch bis wütend, aber im Letzten nicht verweigernd.«[76]

In zahlreichen Zeugnissen berichtet Renz vom Abwandern der Grenze und vom Durchwandern der Dunkelheit der Seele bei ihren Patienten. Die Wut, das Ringen mit dem Schicksal und mit Gott sind dabei von großer Bedeutung. Die immer wiederkehrenden Stichworte sind: aushalten, dabeibleiben, ohne zu überspielen, weitergehen ... mit der Überzeugung, dass am Tiefpunkt des Lebens irgendetwas Kreatives hervorbricht. Die Versuchung zur Resignation und Eigenmächtigkeit geht ständig mit! Hilde Domin formuliert den äußersten Grenzposten unseres Lebens so:

»Nicht müde werden
sondern dem Wunder
leise
wie einem Vogel
die Hand hinhalten.«[77]

Die zwei Seiten der Grenze: Sehnsucht und Hoffnung

Noach wartet in den Tagen der Sintflut am Fenster der Arche auf die Rückkehr der Taube (vgl. Gen 8,6–12). Immer wieder streckt er seine Hand aus.[78] Er lässt sie landen und wieder davonfliegen, das Zeichen des grünen Ölzweiges, den sie ihm endlich mitbringt, genügt ihm: Irgendwo ist festes Land. Die Hoffnung ist nicht zu »haben«. Sie ist kein Besitz. Wer sie »haben« will, dem entzieht sie sich. Sie ist jenseits unserer Grenzen. Sie ist das von uns aus Unmögliche und sie lässt sich deshalb nicht ein-heim-sen. Wir können nur immer erneut bei ihr ankommen. Wir müssen uns ihr wieder und wieder in Erwartung öffnen, auch mit Disziplin, durch Unlust, geistige Widerstände und Verzweiflung hindurch. In uns aber lebt die Sehnsucht! In ihr sind wir zutiefst bei uns und Erwartende an der Grenze. Sie darf und will aber nicht billig gestillt werden (Drogen, spirituelle Stilllegung, Flucht vor der Realität), sondern muss aufrechterhalten werden, deshalb ist sie die Innenseite unserer Lebensgrenzen. Nur die *wache Sehnsucht*, die eine Spannung von Realismus und Sehnsucht ist, ist fähig, die Hoffnung zu empfangen. Sehnsucht und Hoffnung sind die zwei Seiten der Grenze, das Diesseits und Jenseits der Grenze. Wo die Sehnsucht und die Hoffnung sich berühren, da beginnt das Heilsein, der Friede.

> »Heilsein ist ein Grenzbegriff. Er verweist auf die tiefste Form des Bei-sich-Seins und zugleich Mehr-als-Ich-Sein. Heilsein ist der Gegenentwurf zu Zuständen des Gespalten- oder narzisstisch Abgekapselt-Seins. Gegenentwurf zum Entfremdet-, Gefangen-, Getrieben- und Besetztsein. Patienten und Patientinnen sagen etwa: »›Ich war noch nie so sehr ich selbst, obschon ich krank bin.‹ ›Ich bin neu lebendig, wie neu geboren, ich riskiere alles.‹ ›Ich liebe den Baum draußen, ich liebe meinen Mann, wie ich ihn nie geliebt habe.‹«[79]

Das Geschehen an der Leid-Grenze drückt sich konzentriert in einem Gedicht von Andreas Knapp[80] aus:

über alles hinaus
an unseren grenzen
leiseste ahnung
vom jenseits der mauer
nur ein größeres
kann alles umfassen

begriffe greifen
immer zu kurz
im unaussprechlichen
der anspruch
des unsagbaren

alle welt
unzureichend
den wehgrund zu füllen
nach jedem abschied
klaffende herzhaut

unauflösliche fragen
salz in offene wunden
chronischer schmerz
als fuß in der tür
zu unbekannter hoffnung

Der Mensch ist immer mehr – mehr als er selbst

Spätestens seitdem die nährende Nabelschnur durchgetrennt ist, wahrscheinlich schon viel früher, beginnt für den Menschen eine eigentümliche Gratwanderung, der Gang über das Hochseil Leben. Es ist ein Gang in, auf und über Grenzen und es sind am Beginn und am Ende zwei Grenzen gesetzt: Geburt und Tod. Der Mensch empfängt sein Menschsein aus zwei Passionen: Ich bin mir gegeben, die Geburt. Ich bin mir genommen, der Tod. Urdaten, die unhintergehbar sind.

Was wie eine erste und letzte Limitierung erscheint, erfährt im christlichen Glauben eine unendliche Weitung: Gottes erstes Geschenk an mich bin ich selbst.[81] Ich bin eine Vorgabe Gottes. Das ist die Urgnade, das Urgeschenk unseres Daseins. Es gibt nicht nur eine Urverstrickung des Menschen in Selbstsucht und Versagen. Es gibt ein Urheiligtum im Menschen, den Urort seiner Würde, den Urort der Begegnung des Menschen mit Gott. Einen Ort, wo er schon heil ist; dort ist er frei von allen menschlichen Erwartungen und Bedrängnissen. Dort ist er auch selbst frei von der eigenen Schuld. Da haben Selbstverurteilung und Selbstzerstörung keinen Zutritt. Dort ist das Heiligtum der Seele, der Grenzort zu Gott.[82]

Ich bin mir genommen: der Tod. Der Tod ist das zweite Urdatum. Für den christlichen Glauben ist der Tod nicht einfach ein Mir-genommen-Werden und damit letzte Grenze, sondern ein »Aufgenommen«-Werden bzw. »Aufgehoben«-Sein.

Das »Jenseits« der irdischen Grenze, so glauben wir, ist die »Aufhebung« des Menschen. Das Wort »aufheben« hat in unserer Sprache eine dreifache Bedeutung: etwas bewahren, etwas außer Kraft setzen, etwas emporheben.

- Alles wird durch Gottes Liebe *bewahrt*, was der Mensch aus vertrauendem Glauben, in Hoffnung und in Liebe in seiner Lebensgeschichte getan und erlitten hat.
- Alles wird durch Gottes Liebe *außer Kraft gesetzt*, was lebensverneinend war, aller Hass, alle Wunden, aller Stolz, alles Gescheiterte, Beschädigte und Ungelebte.
- Alles wird durch Gottes Liebe *emporgehoben*, d. h. zur vollen Reife gebracht, wo wir nur anfanghaft und fragmentarisch die Liebe gelebt und getan haben. Die Ernte wird eingebracht und kommt ganz zur Fülle, weil unser Leben zu Gott gefunden hat.

Das meinen wir Christen, wenn wir sagen: Der Mensch, ja die ganze Schöpfung ist im Himmel gut aufgehoben.[83] An der Grenze des Todes geht es um die stärkste Form jener menschlichen Urkraft, ohne die kein menschliches Leben existieren kann, um das Vertrauenkönnen: also sich in seinem Leben und Sterben einer liebenden Macht ganz und gar anzuvertrauen. Es geht um ein Leben in radikaler Offenheit für den bergend-tragenden Grund unseres Lebens. Wer sich aufgehoben fühlt, kann sich hingeben; deshalb ist der Tod nicht mehr Vernichtung, sondern Ort der Hingabe, der letzten Hingabe an Gott.

Die beiden Urdaten des Lebens, Geburt und Tod, spiegeln wiederum das Wesen der Grenze: Bestimmung zu diesem (Geburt) *und* Eröffnung (Tod) zum Anderen (mehr als ich). Und beides geht in unserem ganzen Leben immer mit: in der aufrecht gehaltenen Sehnsucht *und* der überraschenden Hoffnung.

Damit aber kommen wir zur entscheidenden Grenze des Menschen. Der Mensch ist bedingt und unbedingt zugleich. Er ist unbedingt in seinem Ausgriff nach Erfüllung und Sinn, aber begrenzt durch seine Ohnmacht, über ihn zu verfügen. Er ist bedürftig einer Erfüllung, die ihm doch nur geschenkt werden kann – nicht von irgendetwas oder irgendwem, sondern nur von Gott selbst. Ja, die Erfüllung ist Gott selbst. Wer die nicht übergehbare Grenze des Menschen aus eigenem Vermögen und alleiniger Zuständigkeit lösen will, scheitert an der eigentlichen Grenze seiner Existenz. Alles, was Menschen anderen, der natürlichen Umwelt und am Ende sich selbst antun, kommt aus der Leugnung dieser Grenze:

> »im beständigen Kampf um Anerkennung, in der rivalisierenden Sorge um Einfluss und Geltung,
> im Versuch eigener Selbstvergewisserung durch die Aneignung von Sachen und die Ausbeutung von Menschen,
> im Willen zur Übermächtigung von allem, was sich nicht fügt oder Angst macht
> und der schonungslosen Selbstbehauptung auf Kosten der Gedemütigten und Verletzten,
> nicht zuletzt auch im beständigen Schwanken zwischen Selbstüberanstrengung und nachfolgender Depression,
> zwischen projektiver Übererwartung an den Anderen und dann der vorwurfsvollen Enttäuschung, dass er auch nur ein Mensch ist,
> das alles hat doch, meine ich, eine gemeinsame Wurzel darin, *dass unsere Bedürftigkeit, die Sehnsucht der Menschen weiter reicht als ihre Macht.*«[84]

Diese Grenze, diese letzte Wahrheit unserer menschlichen Existenz chronisch nicht wahrhaben zu wollen, zu leugnen, zu überspielen, zu betäuben und lieber gnadenlos zu bleiben als sie zuzulassen, das nennt der christliche Glaube Sünde, deren Wurzel der Unglaube ist. Unglaube und Sünde sind eins: ohne Gott man selbst sein wollen, als ob wir unsere Grenzen selbst befrieden könnten. »Also ist Sünde, ganz schlicht ausgedrückt: dass Gott faktisch in meinem Leben nicht zählt.«[85]

So lässt sich besser verstehen, was der Psalm 147 sagt, diesmal in einer Übersetzung von Arnold Stadler:

> Es ist gut, unseren Gott zu singen,
> schön auch, ihn zu preisen.
> (....)
> Er heilt die gebrochenen Herzen.
> Er verbindet die Wunden, die schmerzen.
> Er setzt fest, wie viele Sterne es sein sollen,
> und ruft sie alle mit Namen.
> Ja, unser Herr ist etwas Großes
> und Gewaltiges, etwas Unermessliches.
> (...)

> Mit Pferdestärken kann man ihm
> nicht imponieren.
> (…)
> Er will nichts anderes vom Menschen, nur so viel:
> dass sie wissen,
> dass er da ist,
> dass es ihn gibt.
> Jene liebt er, die aus ganzem Herzen
> Seine Ankunft erwarten.[86]

Gottes Ankunft immer wieder zu erwarten, wird vor allem an einer Grenze des menschlichen Lebens unabweislich: der Schuld. Der Fortgang der Jahre lässt unausweichlich die Zahl der Konflikte anwachsen, die nicht bereinigt werden konnten. Sie führen zu einer eigentümlichen Verschattung des Lebens, zu einer Enttäuschung nicht nur über die anderen, sondern auch über sich selbst. Verbitterung macht sich breit. Wie mit dieser Wundgrenze umgehen?

Wie lernt man zu vergeben? Gibt es eine Lebenskunst des Verzeihens? Manche Menschen möchten gerne vergeben, fühlen sich aber in bestimmten Momenten in ihrem Vorhaben blockiert. Nicht wenige Menschen verzweifeln an ihrer Unfähigkeit zu vergeben! Sie haben den Eindruck, einem Stern nachzujagen, der sich immer weiter von ihnen entfernt, je mehr sie sich ihm nähern. Bevor wir an Vergebung denken, ist es notwendig, uns der falschen Vorstellungen von Vergebung zu entledigen. Doch ist es nicht zu übergehen: Der Mensch trägt Wunden – oft gerade am schmerzhaftesten von denen, die ihm am nächsten stehen. Gerade deshalb ist Vergebung das Herz jeder Gemeinschaft; es lohnt sich, in Achtsamkeit und Respekt gegenüber sich selbst und anderen den möglichen Schritten zur Vergebung nachzuspüren, damit das Leben gelingen kann.

5
Vergebung – Weg in die Zukunft

»»Denkt nicht mehr an das, was früher war; auf das, was vergangen ist, sollt ihr nicht achten. Seht her, nun mache ich etwas Neues«, spricht der Herr« (Jes 43,19). Jeder Weg beginnt mit einem ersten Schritt, jedes Buch mit einer leeren Seite, jedes Bild mit dem anfänglichen Pinselstrich. Und wenn all dies abgeschlossen ist, dann beginnt das Abenteuer des Anfangs von Neuem. »Semper incipe«, sagt Thomas a Kempis in der »Nachfolge Christi«. »Allzeit fang an!« Doch wie komme ich zu neuen Ufern? Jeder geistliche Lehrer wird uns eines immer versichern: Grundsätzlich gibt es keinen Anfang, ohne zu lassen, ohne loszulassen. Loslassen und Anfangen gehören zusammen. Altes muss gehen, damit Neues empfangen werden kann. Wer die Hände noch voll hat und festhält, dem wird sich nichts Neues gewähren!

Ein besonderer Anfang ist der Neubeginn in Schuld, Versagen, Scheitern – wie fängt man das an? Wer hier anfangen will, frei werden will und aufbrechen, der muss ebenso loslassen! Das Loslassen in unseren Geschichten und Verstrickungen der Schuld und des Versagens heißt Vergebung. Wer nicht vergibt, sperrt die Zukunft aus. Er bleibt eingemauert in der Vergangenheit. Dabei stellt sich eine doppelte Herausforderung: zum einen Vergebung annehmen können und zum anderen vergeben können. Beides ist bedenkenswert, doch soll hier nur der einen Seite nachgegangen werden: Wie lerne ich zu vergeben?

Herausforderung Vergebung und christliche Missverständnisse

Die Lehre Jesu war immer, dass wir einander vergeben sollen. In seiner Feldrede sagt er z. B.: »Erlasst einander die Schuld, dann wird auch euch die Schuld erlassen werden« (Lk 6,37). Und im Vaterunser heißt es: »Vergib uns unsere Schuld, wie auch wir vergeben unseren Schuldigern.« Verstehen wir, was wir da beten? Bedingt denn unsere Vergebung die Vergebung Gottes? Ist Gottes Vergebung zu verdienen durch meine Vergebung? Noch grundsätzlicher: Gibt es eine christliche *Verpflichtung* zur Vergebung oder einen *Ruf* zur Vergebung? Wie unterscheidet sich beides voneinander?

Petrus fragt Jesus: »Soll ich siebenmal vergeben?« »Nein«, sagt Jesus, »nicht siebenmal, sondern siebenundsiebzigmal« (Mt 18,22), d. h. ohne Einschränkung, immer. Er fordert zu einer beständigen Bereitschaft zur Vergebung auf. Ist das nicht eine maßlose Übertreibung? Wir erleben täglich, dass dies an den Realitäten vorbeigeht! Woraus lebt der, der dazu in der Lage ist?

Von Vergebung zu sprechen ist ein gewagtes Unterfangen. Nicht wenige psychisch-geistliche Wirklichkeiten sind derart missbraucht und karikiert worden wie die der Vergebung, bedauerlicherweise gerade auch im Christentum.

Ich möchte nicht eine weitere Rezeptur zur Vergebung hinzufügen. Vielleicht ist uns schon viel mehr geholfen, wenn ich lediglich auf eine Reihe von falschen Vorstellungen hinweise, die man sich über die Vergebung macht. Möglicherweise gehört zum guten Anfang eines Versöhnungsweges das *Loslassen und Verabschieden falscher Vorstellungen*. Nicht wenige Menschen befinden sich in psychischen und geistlichen Sackgassen, weil sie mit dem Wort »Vergebung« höchst banale Vorstellungen verbinden; man möchte »die Sache« schnell hinter sich bringen und eilig vergeben; man neigt zu äußerster Vereinfachung eines doch sehr herausfordernden Prozesses, gerade wenn die Enttäuschungen und Verwundungen sehr tief reichen.

Von der Vergebung zu sprechen ist mehr, als nur über Liebe daherzureden; es bedeutet, von einer ganz besonderen Liebe zu sprechen, von einer Liebe, die bereit ist, sich auf die eigene ernüchternde Realität und die des anderen einzulassen und zugleich derart über sich hinauszugehen, dass sie ein neues Universum der Beziehung schaffen will. Dafür ist es nötig, die falschen Konzeptionen der Vergebung zu demaskieren und zu enthüllen. Es geht, so wird es sich hoffentlich zeigen, z. B. nicht einfach um einen »Willensentschluss« zur Vergebung noch um eine *programmierbare* Schrittfolge. All dies ist nicht unwichtig, doch es geht um mehr: um eine menschliche Reife zur Vergebung, die unsere ganzen Kräfte beansprucht, die jedoch nicht allein unserer Kraft entspringt. Deshalb bin ich vorsichtig, »Schritte« oder »Stufen« zur Versöhnung vorzulegen. Nicht weil es solche »Schritte« und »Stufen« nicht geben kann – von einigen Schritt- und Stufenfolgen werden wir hören –, sondern weil eine solche Begrifflichkeit beim Hörer und Leser eine starke Willensfixierung mit sich bringen kann und Machbarkeitsfantasien hervorruft, die das Geschehenlassen von Vergebung verhindern und den Geschenkcharakter jeder echten Versöhnung übersehen lassen. Deshalb möchte ich lieber von Orientierungspunkten für einen Weg der inneren Befreiung und des Friedens sprechen.

Orientierungspunkte für ein menschliches und geistliches Abenteuer

Die Bedeutung der Vergebung erkennen

Vergebung wird derjenige nicht anstreben, der die Bedeutung von Vergebung in seinem Leben noch nicht erkannt hat. Wer nicht vergibt, verdammt sich zu vier Haltungen: Zum einen *in sich selbst und in den anderen das erlittene Unrecht fortzusetzen:* Die uns geschehene Verletzung nistet sich bei uns ein und wird nicht selten auf uns selbst oder andere umgeleitet: Beruf, Familie… Zum anderen verurteilt er sich dazu *in Verbitterung zu leben:* Verbitterung ist verkleidete Wut, die eine schlecht verheilte Wunde eitern lässt. Sie verwandelt sich in Groll und Feindseligkeit, die in ständiger Bereitschaft gegen jeden wirklichen und scheinbaren Angriff in Alarmbereitschaft ist. Ferner bleibt er *der Vergangenheit verhaftet:* Er verschwendet seine Zeit mit unnützem Wiederkäuen der Vergangenheit. Das Leben liegt still, weil es rückwärts fixiert ist. Darüber hinaus brütet in ihm die Bereitschaft *sich zu rächen.* Die Rache provoziert eine Eskalation ohne Ende. Sie ist eine kurze Befriedigung ohne wirkliche Entfaltung und Beziehungskreativität.

Hass und Groll überwinden
Menschliche Vergebung verlangt, dass der, der verzeiht, seinen Hass und seinen Groll überwindet. Damit entkrampft sich sein Herz und er wird frei. Verzeihung bricht die Ursachenkette. Hass und Groll verursachen und rechtfertigen Gewalt (mental, verbal, körperlich), Härte, Unnachgiebigkeit und all dies schürt den Hass und neuen Groll. Manches Beharren: »Das ist nur gerecht«, bedeutet in seiner Tiefe lediglich: »Das ist nur gerächt!« Das ist ein Teufelskreis. Vergebung durchbricht ihn.

Vergebung heißt: Enttäuschung und Groll, wozu ich berechtigt bin, herzugeben. Gerade dies braucht seine Zeit! Ich habe durchaus ein Recht auf diesen Groll. Jetzt gebe ich ihn her, bringe Gott das Opfer meines Grolls. Das ist Vergebung. Ein anderer hat mich wirklich ungerecht behandelt und trotzdem gebe ich die Enttäuschung und Demütigung her, die normal und angemessen sind, und begegne dem Menschen, der mich verletzt hat, mit mehr Wohlwollen, als er oder sie es nach sogenannten menschlichen Maßstäben verdient. Denn es bleibt doch der christliche Grundsatz wahr: Jeder Mensch braucht mehr Liebe, als er verdient. Im Vergeben geht es um meine Großherzigkeit, darum, dass ich dieses »Mehr« praktiziere.

Warum kann Vergeben so schwer sein? Etwas in uns will sich festklammern an unserer Verletzung und an unserem berechtigten Groll. Das ist wie ein dunkler, vermeintlich kostbarer Schatz. Und diesen Schatz hüte ich. Der andere hat mich verletzt. Dabei bleibe ich. Dahin kann ich mich zurückziehen, mich darin einnisten, einkapseln, unerreichbar sein für Herzensgedanken der Liebe und Vergebung. Ich pflege meinen Schmerz und meinen Groll wie eine heimliche, unheimliche Sucht. Auf diese Weise aber richte ich mein Leben zugrunde und zerstöre mein Lebensglück. Hier liegt auch der Punkt, an dem viele Menschen stecken bleiben im Gebetsleben oder überhaupt im Leben nach dem Evangelium: dass sie nicht verzeihen können. Da gibt's nur mehr endlose Wiederholungen, manchmal neurotische. Da wird eine Geschichte von vor 20 Jahren wieder hervorgeholt, und zwar mit einer Wonne, als ob es erst gestern geschehen sei. 20 Jahre gepflegter und gehüteter Groll – ein Teufelskreis. Ich habe den Kreis schon so viele Male abgelaufen und

ich laufe wieder und wieder und komme nicht heraus, weil ich den Absprung nicht wage.
Und dann höre ich das Wort in mir und bei anderen: »Vergeben? Das kann keiner verlangen!«

Und doch – diesem »Und doch« muss ich zunächst Gehör verschaffen: Im Verzeihen bricht etwas wirklich Neues in unsere Welt ein. Wer kreativ leben möchte, muss verzeihen. Ohne Verzeihung bleiben wir gefangen im Teufelskreis der endlosen Wiederholungen oder in der Eindimensionalität, fern von Gott. Vergeben heißt: das Leben wählen. Und nicht vergeben bedeutet: den Tod wählen, die kleinen glück- und segenslosen Tode. Nicht zu verzeihen führt in die Beziehungslosigkeit und Lebenskälte. Ich verliere den Kontakt mit den Mitmenschen und mit der Wirklichkeit.

Irrwege der Vergebung

Um dabei nicht in *»Sackgassen der Vergebung«* zu geraten, ist daran zu erinnern: Vergebung heißt *keineswegs verdrängen*, also so zu tun, als ob nichts gewesen wäre, versuchen zu vergessen, weil ich meine Ruhe haben will. Das ist keine Vergebung und auch keine Lösung. »Vergeben und vergessen«, sagt der Volksmund. Ob er sich da nicht ordentlich irrt? Ein tiefes Unrecht, das ich erlitten habe, bleibt gespeichert in meinem Gedächtnis, oft sogar in meinem Leib und sicher in meiner Psyche. Ich kann es nicht vergessen. Das geht nicht. Es wäre auch nicht ideal.

> »Es ist ein Irrtum, das Vergessen zum Testfall des Vergebens zu machen. Das Gegenteil ist wahr: Die Vergebung hilft der Erinnerung zu heilen. Mit ihr verliert die Erinnerung an die Wunde ihre Wirkung. Das unglückliche Ereignis ist immer weniger gegenwärtig und bedrückend; nach und nach vernarbt die Wunde; die Erinnerung an die Tat löst keine Schmerzen mehr aus. Deshalb wird die geheilte Erinnerung frei und kann sich mit anderen Dingen als dem deprimierenden Gedanken an die Untat beschäftigen.
>
> Die Menschen, die erklären ›Ich vergebe, aber ich vergesse nicht‹, beweisen also eine gute mentale Gesundheit. Sie haben

verstanden, dass die Vergebung nicht eine Amnesie der Untat erfordert. Wenn sie jedoch mit dieser Äußerung sagen wollten, dass sie nicht mehr vertrauen wollen und dass sie ständig auf der Hut sein werden, dann haben sie ihr Vergebungshandeln nicht zum Abschluss gebracht.«[87]

Vergeben heißt nicht leugnen. Auch so werden Hass und Groll in uns nicht überwunden. Gerade wer einen schweren Schlag erleidet, tendiert dazu, sich gegen das Leid und die aufkommenden Emotionen zu schützen. Das kann so weit gehen, dass er die Untat, die ihn getroffen hat, leugnet. Der Verletzte friert seine Gefühle ein, ohne recht zu wissen, was ihm da geschieht. Oft wird sich noch nicht einmal das Bedürfnis oder der Wunsch danach einstellen, geheilt zu werden, und noch weniger, dem Täter zu vergeben. Vergebung ist so lange nicht möglich, wie die betroffene Person sich weigert, das Vergehen und das mit ihm verbundene Leiden anzuerkennen. Wer vergeben will, muss zunächst seine Gefühle respektieren. Wut und Scham sind nicht zu verdrängen, sondern müssen eine akzeptable Ausdrucksform finden! Zunächst ist eine deutliche Abgrenzung vom »Täter« nötig. Es mag drastisch formuliert sein, doch der Satz von J. N. Nestroy spricht eine sehr berechtigte Wahrheit aus: »Man möchte manchmal Kannibale sein, nicht um den oder jenen aufzufressen, sondern um ihn auszukotzen.«

Vergebung ist auch nicht eine blauäugige Naivität, die alles beschönigt; die bereit ist, alles zu glauben und alles wieder auszuwischen. Das ist keine Vergebung. *Vergebung ist auch nicht Schwäche*, die der Auseinandersetzung aus dem Weg geht, die vor der Realität flieht, ohne Überzeugung und echte Bindung; Schwäche, die den Mut nicht hat zu einer Auseinandersetzung. Das alles ist Vergebung nicht. Das sind Karikaturen von Vergebung, die uns irreleiten.

Jedoch, *Vergebung fordert mehr als eine Willensanstrengung.* Es ist ein großer Irrtum, die Vergebung als einen einfachen Willensakt anzusehen statt als das Ergebnis eines Lern- und Reifungsprozesses. Je nach Wunde, den Reaktionen des Täters und den Mitteln des Geschädigten ist ein solcher Prozess mehr oder weniger lang. Natürlich spielt der Wille dabei eine gewichtige Rolle, aber nicht allein. Im Akt der Vergebung werden alle Fähigkeiten des Menschen mobilisiert: die Aufmerksamkeit, die Sensibilität, das Herz, die Intelligenz, das kluge Urteilsvermögen, die Vorstellungskraft, die Kreativität usw. und nicht zuletzt der Glaube.

Vergeben lässt sich nicht befehlen. »Entweder ist die Vergebung frei, oder sie existiert nicht. Doch die Versuchung ist groß, besonders bei bestimmten Predigern, die Menschen freiwillig zu Vergebung zwingen zu wollen.«[88] Gibt es nicht eine Verpflichtung des Christen zum Vergeben? Schließlich sprechen wir im Vaterunser: »Und vergib uns unsere Schuld, wie auch wir vergeben unseren Schuldigern.« Wenn man einer falschen Interpretation folgt, dann hieße das, dass die Vergebung zu einer Tat befohlener Gerechtigkeit wird. Müssen wir unbedingt eine Geste der Vergebung machen, bevor uns Gott seinerseits vergeben kann? Was für ein Bild von Gott wäre das? Verbirgt sich dahinter nicht das Bild eines berechnenden und handelnden Gottes, das dem Gesetz des »do ut des« (ich gebe, damit du gibst) unterworfen ist? Die Grundbotschaft des Evangeliums lautet doch anders: Die Vergebung Gottes wird nicht durch das armselige Vergeben der Menschen bedingt! Die Vergebung hat nach der Botschaft des Evangelisten einen spontanen und unverdienten Charakter, deshalb ist die Praxis unseres Vergebens nicht einfach auf der Ebene der Pflicht abzuhandeln. Unser Vergeben erwächst aus einer spontanen Antwort auf die Vorgabe Gottes. Paulus sagt ganz richtig: »Wie der Herr euch vergeben hat, so vergebt auch ihr!« (Kol 3,13). Die Vaterunserbitte ist richtig verstanden, wenn wir präzisierend formulieren würden: »Vergib uns unsere Schuld, und lass uns dies tief erfahren, damit auch wir unseren Schuldigern vergeben können« (vgl. z. B. das Gleichnis von den beiden Schuldnern).

Vergeben heißt nicht, sich im selben Zustand wie vorher zu befinden. Eine Frau, deren Freundin ihr Vertrauen missbraucht, indem sie Vertrauliches enthüllt hatte, sagte: »Ich kann ihr nicht vergeben, denn ich sehe mich nicht in der Lage, wieder ihre Freundin zu werden wie einst.« Diese Frau dachte, vergeben bedeutet, es werde »wieder sein wie vorher«. Aber es ist falsch zu denken, man könne einem verletzenden Menschen nach der einmal gewährten Vergebung so begegnen wie zuvor. Es ist unmöglich, erlittenes Übel rückgängig zu machen. Drei Möglichkeiten ergeben sich in der Regel: Man versucht sich zum einen davon zu überzeugen, dass nichts

Wesentliches vorgefallen ist – was durchaus bei Missverständnissen möglich ist –, oder man verleugnet die Tat und baut die weitere Beziehung auf einer Lüge auf. Die dritte Alternative lautet: Ich nutze den Konflikt, um die Qualität der Beziehung zu verbessern und sie auf einer neuen, solideren Grundlage zu festigen.

Vergeben erfordert nicht, auf seine Rechte zu verzichten. Vergebung darf nicht »die Zuflucht für Halunken« (Bernard Shaw) werden. Die Gerechtigkeit bemüht sich darum, auf einer objektiven Grundlage die Rechte der geschädigten Person wiederherzustellen, während die Vergebung in erster Linie von einem Akt unverdienter Güte herrührt. Vergebung, die nicht die Ungerechtigkeit bekämpft, ist weit davon entfernt, ein Zeichen von Kraft und Mut zu sein. Sie ist vielmehr ein Beweis der Schwäche und falsch verstandener Toleranz. Vergebung bedeutet nicht, darauf zu verzichten, dass Gerechtigkeit geschieht!

Vergeben heißt nicht, den anderen zu entschuldigen. »Ich vergebe ihm, er kann nichts dafür.« Diese Ansicht verursacht eine weitere falsche Vorstellung von Vergebung. Natürlich lässt sich zugefügtes Leid leichter ertragen, wenn der Täter vermeintlich nicht dafür verantwortlich ist. Gründe liegen genug vor: die Erziehung, das soziale Umfeld, die Gene… Es gibt das so missverständliche Sprichwort: »Alles verstehen heißt alles vergeben.« Die »schnelle Entschuldigung« mag dem Opfer eine Erleichterung bringen, aber sie unterschätzt, ja verachtet den Täter. Denn impliziert wird damit: »Du bist dir deiner nicht genügend bewusst, um für eine solche Untat verantwortlich zu sein.« Eine solche Vergebung führt dazu, mehr zu erniedrigen als zu befreien. Vergeben heißt nicht, den anderen zu entschuldigen und von seiner moralischen Verantwortlichkeit zu entlasten, sondern ihm trotz seiner möglichen Verantwortung zu verzeihen.

Vergeben ist keine Demonstration moralischer Überlegenheit. Gewisse Vergebungen demütigen mehr als dass sie befreien. Es gibt eine »höchste Arroganz«, die sich gerade in der Vergebung aus vermeintlich moralischer Überlegenheit ergibt. Das kann unterschiedliche Ursachen haben. Zum einen der Wunsch, die Beziehung von Herrscher und Beherrschtem aufrechtzuerhalten, also Großmut zu üben aus einem Machtimpuls heraus. Eine andere Ursache kann der Versuch des Opfers sein, eine tiefe Demütigung zu verbergen und sich vor Scham und Ablehnung zu schützen, die einen bedrängen in der Begegnung. Wahre Vergebung erwächst aber aus einer inneren Kraft. Es erfordert Mut und Ehrlichkeit, die eigene Verletzlichkeit anzuerkennen und anzunehmen, statt sie unter dem Anschein falscher Großmütigkeit zu verbergen. Nur allzu schnell lässt man sich vom Bedürfnis leiten, sich beim Vergeben als überlegen zu zeigen.

Noch ein letzter Irrtum, vor allem im religiösen Umfeld, ist zu benennen: *Vergeben besteht nicht darin, alles Gott zu überlassen.* Die Aussage »Vergeben kann nur Gott allein« kann den Anschein erwecken, als hätten die Menschen beim Vorgang der Vergebung nichts zu tun. Natürlich müssen wir vieles und im Letzten alles Gott überlassen, auch unsere Bemühungen zu vergeben. Das darf aber nicht zum Vorwand werden, unsere eigene Verantwortung auf Gott abzuwälzen. Gott engagiert sich nicht an unserem freien Willen vorbei. Gerade die Vergebung soll durch uns hindurch geschehen. Gott tut nicht an unserer Stelle, was der menschlichen Initiative zukommt – im Fall der Vergebung ebenso wenig wie in jedem anderen Bereich. Vergebung ist sowohl menschliches Handeln als auch göttliches Tun. Sie verbinden sich und ergänzen einander.

Fassen wir die »Sackgassen der Vergebung« zusammen. Vergeben heißt also nicht verdrängen, nicht leugnen. Sie ist nicht Schwäche. Sie fordert mehr als Willensanstrengung und sie lässt sich auch nicht befehlen. Sie kann es nicht beim Alten belassen. Sie darf nicht auf Gerechtigkeit und Recht verzichten noch andere entschuldigen. Sie ist keine Demonstration von Überlegenheit und noch weniger ist sie Gott *allein* zu überlassen. Es zeigt sich, *Vergebung ist eine große Herausforderung.* Wo wir uns ihr stellen wollen, gilt es, achtsam die Trugbilder einer falschen Vergebung aufzudecken. Es bedarf großen Mutes, den Weg zur echten Vergebung einzuschlagen. Die Vergebung ist ein menschliches und geistliches Abenteuer. Dazu sind zahlreiche Voraussetzungen unabdingbar: Zeit, Geduld mit sich selbst, Zurückhaltung im Wunsch nach Effizienz und Ausdauer im Entschluss, bis zum Ende durchzuhalten.

Wie ließe sich ein solcher Weg beschreiben? Vor allem handelt es sich um einen Weg, nicht um schnelle Lösungen. Es ist ein Weg »innerer Umkehr«, »ein Pilgerweg des Herzens«, eine »Initiation in die Feindesliebe« und die »Suche nach innerer Freiheit«. Was dies näherhin bedeutet, wird sich in den kommenden Gedanken mehr und mehr zeigen.

Gerecht mit Unrecht umgehen

Es ist schwer, gerecht mit Unrecht umzugehen. Das gelingt nur wenigen. Auch wenn ich die Schuld des anderen klar sehe, dann wäre es ebenso klug zu bedenken, wie ich damit umgegangen, ob ich nicht auch selbst schuldig geworden bin. Wut über die Schuld des anderen kann leicht zur Verdrängung der eigenen Schuld führen. Und dann sehe ich nur noch die Hälfte. Es geht nicht darum, Ärger und Wut nicht zuzulassen (s. o.) und die Schuld am Ende noch bei sich alleine zu suchen, sondern um die reale Gefahr der »blinden Wut«, die aus Verletztheit heraus agiert.

Eine tiefe Verletzung bringt uns aus dem Gleichgewicht. Wie ein Tritt in einen Ameisenhaufen bewirkt sie Durcheinander und Panik. Die innere Ganzheit ist bedroht. Meine Ideale, um nicht zu sagen Illusionen von Toleranz, Nächstenliebe und Großzügigkeit werden auf die Probe gestellt. Die Schatten meiner Persönlichkeit treten mit hervor. Oft ist es auch so, dass Emotionen, die man ganz beruhigt glaubte, plötzlich wieder da sind und für Verwirrung sorgen. Es stellen sich Hilflosigkeit und Ohnmacht ein. Die schlecht verheilten alten Wunden mischen ihre schrillen Stimmen in das gegenwärtige Durcheinander. Immerhin gilt es zu bedenken: »In einer großen Zahl von Fällen hat die Unfähigkeit zu vergeben ihre Ursache in alten Verletzungen oder Frustrationen der Kindheit.«[89]

Die Versuchung ist groß, die eigene innere Schwäche nicht wahrhaben und akzeptieren zu wollen. Um diese nicht wahrnehmen zu müssen, treten verschiedene Ausweichmanöver auf den Plan: leugnen, in Aktivismus fliehen, versuchen zu vergessen, das Opfer spielen, die verbissene Suche nach dem Schuldigen, nach einer der Kränkung angemessenen Strafe suchen, Selbstbezichtigung bis zur Depression, blockieren oder den unberührbaren und großmütigen Helden spielen usw.

> »Vergebung geschieht notwendigerweise auf dem Weg der Bewusstwerdung seiner selbst und der Entdeckung seiner inneren Armut: der Scham, dem Gefühl der Ablehnung, der Aggressivität, der Rache und dem Wunsch, ein Ende zu machen. Ein schärferer und ehrlicher Blick auf sich selbst ist ein zwingender Rastplatz auf dem gewundenen Weg der Vergebung. Eine solche Ansicht ist im ersten Moment erschreckend. Sie kann sogar zur Verzweiflung führen. Sie stellt eine schwierige, aber notwendige Etappe dar, da die Vergebung dem anderen gegenüber notwendig den Weg über die uns selbst gewährte Vergebung nimmt.«[90]

Die eigene Kraft und Initiative reichen hier nicht aus. Der französische Dichter Bernanos schreibt: »Ein Wesen, das man dazu zwingt, sich außerhalb des ›sanften Erbarmens Gottes‹ anzusehen, kann nur in Selbstverachtung und Selbsthass verfallen.«[91]

Göttliches und menschliches Handeln wirken zusammen
Vergebung ist menschliches und göttliches Handeln. Vergebung ist ein lebendiger Übergang von der göttlichen zur menschlichen und von der menschlichen zur göttlichen Welt.

Keine Gemeinschaft, sei sie ehelich, familiär, klösterlich, freundschaftlich oder beruflich, ist ohne Vergebungsbereitschaft möglich. Vergeben verbindet in guten und in schlechten Zeiten und ermöglicht, in gegenseitiger Liebe zu wachsen.

Doch was gibt es im Tiefsten zu vergeben und wofür müssen wir um Vergebung bitten? »Als Menschen mit einem Herzen, das sich nach vollkommener Liebe sehnt«, so schreibt Henri Nouwen, »müssen wir einander dafür vergeben, diese vollkommene Liebe in unserem täglichen Leben einander nicht geben und voneinander auch nicht erhalten zu können.«[92] Paulus schreibt: »Die Liebe schuldet ihr einander immer...« Das heißt doch: »Unsere Liebe ist durch ausgesprochene oder unausgesprochene Vorbehalte stets begrenzt. Was muss vergeben werden? Wir müssen einander dafür vergeben, nicht wie Gott zu lieben.«[93] Wir müssen einander dafür verzeihen, dass wir einander nicht Gott sein können, sondern Menschen sind. Mit einem Wort von Francois Varillon gesagt: »Menschen können nicht miteinander leben, wenn sie einander nicht vergeben, nur zu sein, was sie sind.«[94] Möglicherweise ist das keine geringe Herausforderung für unser Zusammenleben im engsten Lebensbereich. Es mag überzogen klingen und doch ist etwas Wahres daran: »Erst erwarten wir Göttliches vom anderen und dann jagen wir ihn zum Teufel!« Es ist eine nicht zu unterschätzende Wahrheit unseres Lebens, dass gerade die Menschen, welche wir lieben und die uns lieben, die »nahen Menschen«, uns am tiefsten verletzen, wenn sie uns zu-rückweisen, verlassen oder sogar missbrauchen und manipulieren.

Nicht nur unserem Nächsten müssen wir vergeben, sondern auch uns selbst mit unseren überzogenen Selbstansprüchen, Perfektionsmustern und moralischen Überforderungen. Denn daraus entstehen Selbstvorwürfe bis hin zu Selbstbestrafungsmechanismen. So humorvoll sich der Spruch am Kühlschrank eines italienischen Gästehauses auch anhört, enthält er doch eine große Wahrheit auch im Hinblick auf Vergebung: »Gott existiert. Du bist es nicht! Also entspann dich!«

Selbst Gott müssen wir vergeben, dass er nicht nach unseren Vorstellungen handelt. Gott sei Dank, darf man im Blick auf manches Gottesbild sagen. Wahr ist jedoch, auch Gott sitzt nicht selten auf der Anklagebank und wird für vieles verantwortlich gemacht, was er in seiner Allmacht hätte besser machen sollen oder können. Ob Gott hier nicht auf ein sehr menschliches Maß gebracht wird? Die Heilsgeschichte offenbart ein viel dramatischeres Ringen zwischen Gott und Mensch. Spricht nicht die »starke Schwäche« Gottes für uns Menschen, wie sie sich am Kreuz und in der Lebenshingabe Jesu offenlegt, eine andere Sprache?

Vergebung ist praktizierte Geduld, die aus Gottes Geduld mit uns schöpft. Liebe ist Geduld mit dem anderen. Hoffnung ist Geduld mit sich und Glaube ist Geduld mit Gott. Nur aus Glaube, Hoffnung und Liebe kann Vergebung wachsen.[95]

Am Handeln Jesu lernen
Nicht nur die Lehre, sondern auch die Praxis Jesu zeigt einen unerschöpflichen Willen zur Vergebung. Hier gibt es etwas zu lernen, vielleicht mehr, als wir vordergründig denken.

Die Erzählung von der Ehebrecherin im Tempel kann hier einige Hinweise geben. Zur ihr sagt er: »Hat dich keiner verurteilt? (...) Auch ich verurteile dich nicht« (Joh 8,10 f). Wie kommt er dazu? Er hat es ja auch leicht, er ist nicht der Betrogene, könnte man meinen. Ja, das stimmt, aber er steht für die Wahrheit Gottes, vor der all unsere Fassaden und Masken fallen.

Wie kommt Jesus zur vergebenden Haltung? Das Evangelium gibt einige entscheidende Hinweise, die wir als Wegweisungen für einen *inneren Prozess in uns* lesen können: Als Jesus die Anklage hört, bückt er sich und schreibt etwas auf die Erde; d. h., er unterbricht die Kette des Urteilens und schweigt. Er bleibt bei sich und setzt ein Zeichen seines inneren Hörens. Er bückt sich, d. h., er erhebt sich nicht, gerade nicht über die anderen. Er wendet sich der Erde zu. In der Schrift heißt es:

> »Denn er (Gott; L. Sch.) weiß, was wir für Gebilde sind, er denkt daran: wir sind nur Staub. Des Menschen Tage sind wie Gras, er blüht wie die Blume des Feldes. Fährt der Wind darüber, ist sie dahin; der Ort, wo sie stand, weiß von ihr nichts mehr. Doch die Huld (Gnade/Erbarmen) des Herrn währt immer und ewig« (Ps 103,14–17a).

Wenn wir nicht wissen, wie hinfällig, endlich, begrenzt, halb, unfertig, verletzlich wir sind, wenn wir keinen Kontakt zu unserer »eigenen Erde« haben, dann fallen die Urteile hart und unbarmherzig aus. Diese »humilitas« (in diesem Wort steckt das Wort Humus, Erde), diese Demut, diese Erdhaftigkeit Gottes lebt uns Jesus vor! Die Geste Jesu im Tempel sagt noch mehr: Er »schrieb mit dem Finger auf die Erde«. Das ist ein Bild: Wie die Schrift auf der Erde in wenigen Minuten verwischt sein wird, so wenig Bestand haben wir und so wenig Bestand haben unsere Urteile über andere Menschen. Wir können uns nicht halten.

Zunächst wendet sich Jesus der Erde zu. Dann aber steht er gegen das harte Urteilen der Menschen auf. Jesu »Auferstehung« (so grundsätzlich auf Ostern hin dürfen wir es verstehen) ist ein Gericht gegen das unbarmherzige Urteil der Menschen. Im Evangelium heißt es:

»Als sie hartnäckig weiterfragten, richtete er sich auf und sagte zu ihnen: Wer von euch ohne Sünde ist, werfe als Erster einen Stein auf sie. Und er bückte sich wieder und schrieb auf die Erde« (Joh 8,7–8).

»*Er richtete sich auf* und sagte zu ihr: Frau, wo sind sie geblieben?« Jesu zweite »Auferstehung« ist Befreiung und Eröffnung einer neuen Zukunft für die Sünderin, nicht die Verharmlosung der Sünde! »Auch ich verurteile dich nicht. Geh und sündige von jetzt an nicht mehr!« (Joh 8,11)

Was sagt uns Jesus damit? Jeder Mensch ist größer als seine Schuld und kein Mensch darf auf seine Schuld reduziert werden. Wenn ich das tue, begehe ich großes Unrecht. Dann mache ich mir von einem Mitmenschen ein Bild, und zwar das Bild des Ungerechten und des Störenfrieds. Wenn dies das Einzige ist, was ich von ihm noch sehe, mache ich mich selbst schuldig, weil ich mit der Schuld des anderen nicht richtig umgehe.

> »Um vergeben zu können, ist es wesentlich, weiterhin an die Würde des Menschen zu glauben, der die Verletzung zugefügt, der unterdrückt oder betrogen hat. Unmittelbar wird es gewiss sehr schwer sein, dies zu tun. Der Täter wird als jemand erscheinen, der böse ist und den man verurteilt. (…) Vergeben (bedeutet) nicht nur, sich von der Last seines Schmerzes zu befreien, sondern ebenfalls, den anderen von der Last des hartherzigen und strengen Urteils zu befreien, das man über ihn fällt; es bedeutet, ihn in seiner menschlichen Würde wiederherzustellen.«[96]

Was ist, wenn sich der Täter der befreienden Zusage verweigert? Das Risiko ist nicht gering. Werde ich nicht ein zweites Mal verletzt werden? Angst macht das Vergeben schwer. »Die wahre Vergebung erfordert einen Sieg über die eigene Angst, noch einmal gedemütigt zu werden.«[97]

Die Spirale der Vergebung

Vergeben kann eine echte, schwere innere Arbeit sein, vor allem Eltern, Vorgesetzten, Freunden und Partnern gegenüber. Und doch: Nur im Vergeben bricht neues Leben durch. Und – Vergebung des Herzens ist ein langer Prozess. Ich muss es immer wieder tun. Es ist eine Spirale. Ich kann mich im Kreis drehen, bis ich verrückt werde, und ich komme nicht voran. Wenn ich mich in einer Spirale bewege, dann komme ich bei jeder Runde ein bisschen höher. Das Entscheidende ist aber, dass ich in einer Spiralbewegung bei jeder Runde wieder am selben Punkt vorbeikomme und wieder dieselbe Aussicht, dieselbe Konfrontation habe. Ich muss mich wieder damit auseinandersetzen. Dann gehe ich eine Runde weiter, bis ich wieder an diesen Punkt komme. Da muss ich immer wieder vergeben. Vergeben – gerade wenn es sich um tiefe Verletzungen handelt – geschieht nicht ein für alle Mal, sondern ist ein wirklicher Prozess.

Drei Phasen gehören dazu: Zunächst müssen der Wille und die innere Bereitschaft heranreifen, überhaupt verzeihen zu wollen. In der zweiten Phase will unser Kopf gerne verzeihen, aber unser Herz ist noch nicht so weit. Ich bin schon eine Etage weiter, aber noch nicht am Ziel. In der dritten Phase kommt das Verzeihen aus dem Herzen, der Groll verschwindet, ich werde offen und durchlässig.

Der Psychologe und Geistliche Jean Monbourquette legt zwölf Schritte zur Vergebung[98] vor. Die ersten beiden Schritte beschäftigen sich mit dem festen Entschluss zur Vergebung, die drei darauffolgenden mit der Behandlung der Verletzung und dem Sich-selbst-Vergeben, um sich in den folgenden Schritten seinem Widersacher zuzuwenden und nach dem Sinn des Geschehens zu suchen. Erst die Schritte neun bis elf lassen einen mehr geistlichen Charakter erkennen. Damit wird sichtbar, wie sich bei der Vergebung psychische und geistliche Prozesse durchdringen. Seine Schrittfolge lautet:

- Sich dazu entscheiden, sich nicht zu rächen und die verletzenden Handlungen zu beenden.
- Die eigene Verletzung und innere Armut anerkennen.
- Die Verletzung mit jemandem teilen.
- Den Verlust klar identifizieren, um über ihn trauern zu können.

- Die Wut und den Wunsch nach Rache annehmen.
- Sich selbst vergeben.
- Beginnen, seinen Schuldiger zu verstehen.
- Für die Verletzung einen Sinn im eigenen Leben finden.
- Sich der Vergebung würdig und bereits vergeben wissen.
- Aufhören, um jeden Preis vergeben zu wollen.
- Sich der Gnade der Vergebung öffnen.
- Sich entscheiden, die Beziehung zu beenden oder zu erneuern.

Eines aber muss am Ende hervorgehoben werden: All diese Schritte sind mehr, als wir von uns aus können, sie sind Gnade. Aus eigener Kraft sind wir nicht imstande, wirklich zu vergeben, schon gar nicht, wenn es sich um eine tiefe Verletzung handelt. Wer spürt, dass er (noch) nicht vergeben kann, soll sich davor hüten, sich selbst dafür verantwortlich und schlecht zu machen, solange der ehrliche Herzenswille da ist, zur Vergebung heranzureifen.

Am Ende trauen wir Gott, wenn wir vergeben, denn er spricht:

> »Denkt nicht mehr an das, was früher war; auf das, was vergangen ist, sollt ihr nicht achten. Seht her, *nun mache ich etwas Neues*« (Jes 43,19).

Doch geschehen Gottes Wunder meistens nicht nach unserem Zeitplan. Es ist dann eine große Herausforderung, nicht ungeduldig zu werden und stattdessen die Grenzen wahrzunehmen, sie sogar behutsam zu berühren, um von ihnen zu lernen. »Die Hälfte der Liebe ist die Geduld«, mit großen Lettern an eine Küchenwand gemalt, darunter mit anderer Handschrift ergänzt: »Vielleicht sogar die ganze!« Mit den eigenen sowie den Grenzen anderer zu leben, verlangt, wie jedes menschliche Reifen, eine engagierte Gelassenheit.

»Gelassenheit« ist heute ein beliebtes, fast ausdrücklich technisch verstandenes Schlagwort in der Berufs- und Lebensberaterszene geworden. Die christliche Tradition der »Gelassenheit« geht weit über dieses Verständnis hinaus. Sie ist als Haltung das Ergebnis eines Vollzugs: Der Mensch muss »lassen«, um gelassen zu werden – nicht nur etwas, sondern sich selbst. Nach der mystisch-christlichen Tradition, die das deutsche Wort »Gelassenheit«

erstmals verwendet, ist sie das völlige Sich-Einlassen auf die Seelenmitte des Menschen, in der sich der Mensch von Gott getragen weiß. Diese Mitte ist frei von »ängstlicher Sorge« (vgl. Mt 6,25–34), weil sie sich im Glauben völlig auf den hin verlassen hat, der tragender Grund des Daseins ist. Die christliche Erfahrung zeigt, dass, wer sich auf den Grund des eigenen Daseins einlässt, im eigenen Grund Gott und zugleich sich selbst findet.

6
Gelassenheit – aus Vertrauen leben

Die Brille verlegt.
Der Computer stürzt ab.
Den Lieblingskugelschreiber liegen gelassen.
Das Hemd hat einen Fleck.
In die Radarfalle geraten.
In einer Kassenschlange warten.
Der Kunde vor mir zahlt mit der EC-Karte.
Wieder mal ein Strafzettel wegen Falschparkens.
Den Zug verpasst.
Der Zug verspätet sich.
Der Zug fällt aus – »Wir bitten um Ihr Verständnis.«
Rote Ampeln.
Ein Umleitungsschild, viele Umleitungsschilder.
Der Drängler auf der Autobahn hinter mir.
Laute Nachbarn.
Sehr laute Nachbarn.
Schrecklich laute Nachbarn.
Eine wichtige Notiz verlegt.
Der erwartete Anruf kommt nicht.
Der andere hat sich verspätet.
Das Auto hat einen Kratzer.
Ich habe einen Kater ...

Gelassenheit – ein Wort aus einer anderen Welt.
Ein Wort für eine andere Welt.
Gelassenheit, ein Wort meiner Welt?

Die Not der Zeit

»Gelassenheit« ist heute ein psychohygienisches Ziel, ein Schlagwort in zahlreichen »Seelentechniken« moderner Beraterkultur, um ein ausgewogenes und glückendes Leben zu führen. Es geht einher mit den anderen magischen Worten vom »Loslassen« und »Prioritäten setzen«, denn gelassen kann nur derjenige sein, der gelernt hat zu lassen, zu unterscheiden zwischen Wichtigem und weniger Wichtigem. Dafür aber müsste man sich selbst nicht so ernst nehmen, an sich, seinen Rollenvorstellungen und Selbstbildern nicht so hartnäckig festhalten. Wer kann und will das schon?

Um Gelassenheit wird meistens gerungen, wenn sie abhandengekommen ist, denn die meisten Menschen lassen nicht freiwillig. Sie scheiden aus dem Beruf aus, weil sie in den Ruhestand oder in die Arbeitslosigkeit entlassen werden. Sie geben dieses oder jenes Hobby, diese gute oder auch schlechte Gewohnheit auf, weil ihnen die Kräfte oder die Mittel fehlen, weil schlicht der Körper streikt oder der Partner/die Partnerin sie vor die Tür setzt. Von bewusstem Lassen ist dabei wenig zu spüren. Wie soll da von Gelassenheit die Rede sein? Doch umso drängender wird dann die Frage: Wie finde ich wieder meine Balance, wie erlange ich Gelassenheit?

Schon der mittelalterliche Mystiker Heinrich Seuse unterschied zwischen *vorausgehender* und *nachfolgender* Gelassenheit.[99] Vorausgehende Gelassenheit, die durch Selbstdistanz, Selbsteinsicht und rechte Beurteilung der Sachlage schon vorausblickend zu einem maßvollen Leben führt, gelingt selten. Stattdessen herrscht die Eindämmung des Chaos vor. Nach ordentlichen Einbrüchen und Fehltritten muss zurückgerudert werden – nicht nur in der Bankenwelt! Glücklich kann sich dann nennen, wer sich nach Scheitern, Verweigern und Entzug in »seiner Gelassenheit« wiederfindet. Im Leben sind beide Varianten nötig. Die Lebensregel scheint zu sein, dass wir von der einen und anderen schmerzhaft und teuer errungenen »nachfolgenden Gelassenheit« immer mehr in eine »vorausschauende Gelassenheit« hineinfinden. Ohne verstärkte Selbsterkenntnis wird dies kaum gelingen. Selbsterkenntnis und Gelassenheit sind Geschwister. Deshalb lässt sich z. B. der Lebensweisheit von G. C. Márquez für die vielen menschlichen Begegnungen und eine gelassene Lebensführung einiges abgewinnen:

»Werde ein besserer Mensch und vergewissere dich zu wissen, wer du bist, bevor du jemanden anderen kennenlernst und darauf wartest, dass er weiß, wer du bist.«[100]

Die unüberschaubare Menge von »Gelassenheitsratgebern«, die Buchhandlungen und Internetseiten füllt, spiegelt ein echtes Bedürfnis unserer Zeit wider. Tempo, Informationsflut, ständige technische Neuerungen, Stress und Überbelastungen lassen Menschen nach der richtigen Seelenhaltung im Wirbelsturm der Ereignisse fragen. Wer wollte nicht gern angesichts globaler gesellschaftlicher Umbrüche im Großen und der immer wieder einbrechenden Beziehungstornados im Kleinen die Ruhe bewahren? Was ist da gesucht, wenn von »Gelassenheit« die Rede ist?

An der sprechenden Wortwurzel – »gelâzen«

In Wahrigs »Deutschem Wörterbuch« lässt sich nachschlagen, was man rund um das Wort »gelassen« im eigenen Leben vermisst. Gelassen ist, wer »beherrscht, gefasst, ruhig, unerschüttert, leidenschaftslos, gleichmütig« ist. Das entspricht wohl dem Alltagsverständnis eines Durchschnittsbürgers, wenn er an »Gelassenheit« denkt. »Gelassenheit« – das scheint ein »in sich ruhender Selbstbesitz« zu sein; die Haltung eines Großgrundbesitzers, der am Morgen aus seinem Haus tritt, seinen Hund streichelt und schon weiß, wie er den Abend am Kaminfeuer verbringen wird. Also eine Haltung, die den Widrigkeiten des Tages aus Überlegenheit trotzt, ja sie belächelt. Die Ratgeber zur Gelassenheit sollen das »Wie« handhabbar machen. Irgendwer und irgendjemand soll uns bitte schön die Gelassenheit beibringen, damit das Alltagsgeschäft nicht unnötig aufreibt. Ist Gelassenheit die Luftnoppenpolsterverpackung in der Wurfsendung des Lebens? Ist sie machbar? Kann man sie »haben« oder gehört sie nicht zum »Sein«, d. h., muss sich nicht dann mein ganzes »Da-sein« verändern?

Wer in Wahrigs »Deutschem Wörterbuch« weiterliest, stößt auf die ursprüngliche Bedeutung der mittelhochdeutschen Wurzel »gelâzen«. Es wird an erster Stelle – wohl dem Allgemeinverständnis geschuldet – mit »maßvoll in der Gemütsbewegung« übersetzt und an zweiter Stelle – man staune – mit »gottergeben« wiedergegeben. Tatsächlich ist das die zentrale mittelhochdeutsche Bedeutung von »gelâzen«: gottergeben. Wer also nach mittelalterlichem Verständnis »Gelassenheit« besitzt, ruht ganz in Gottes Willen und hat jeden Eigenwillen, jede sich selbst verklebende Ichbefangenheit überwunden und ist frei, mit Gott zu wirken.

Niemand wird es fahrlässig bezweifeln wollen: Gelassenheit im Sinne eines ruhigen Gleichmaßes ist in der Unüberschaubarkeit des Vielen und der zahlreichen Handlungsimpulse heute notwendig. Woraus diese »Unaufgeregtheit« gespeist wird, bleibt offen. Ist sie nur Coolness im Leben, eine dicke Haut der Seele, geboren aus dem Gedanken, dass ohnehin alles egal und gleich-gültig ist? Oder ist Gelassenheit eine Offenheit für das Geheimnis in allen Dingen, ein Glaube an die Führung Gottes in den Ereignissen? Die äußere Gelassenheit kann von verschiedenen Überzeugungen oder Weltanschauungen getragen sein.

Sackgassen der Gelassenheit

Unser alltägliches Verständnis von Gelassenheit blendet die religiöse Dimension des ursprünglichen Begriffs meist völlig aus. Sie gleicht eher dem Ergebnis einer mantraartigen Selbsteinrede: »Bleib locker! Reg dich nicht auf! Gelassenheit siegt! Es wird nichts so heiß gegessen, wie es gekocht wird!« Wie auch immer die kleinen Glaubenssätze heißen mögen, die unwidersprochen durchaus wahre Wunder bewirken können, sie bleiben doch oft sehr vordergründig.

Darüber hinaus gibt es so manche trügerische Scheingelassenheit[101], hinter der sich Blindheit gegenüber dem Leben, ein Mangel an Empfinden oder Gefühlskälte verstecken. Diese scheinbare Unerschütterlichkeit[102] bzw. Gelassenheit ist häufig der schlichte Ausdruck einer mangelnden emotionalen Veranlagung eines Menschen, die Folge einer psychischen Fehlentwicklung oder einer grausamen Enttäuschung, die ein gesundes Empfinden erstickt. Manche Gelassenheit ist eine fragliche Angelegenheit, denn sie entspringt einem unreifen, verkümmerten und verbogenen Menschsein: unreif insofern, als die wahre Einschätzung der Güter fehlt; verkümmert, da das Gespür für deren Wert und Lebensfülle brachliegt; verbogen, weil elementare Regungen unterdrückt werden, ja ausgerottet sind.

Echte Gelassenheit dürfte nicht einfach das Ergebnis einer unterkühlten Lebenseinstellung sein. Nicht ein Herz aus Stein noch eine verglaste Seele dürfen ihr Ursprung sein. Sie sollte das Leben in seiner Fülle schätzen. Echte Gelassenheit ist empfindsam. Sie lässt sich beglücken durch Dinge und Begegnungen und kennt zugleich die Endlichkeit und die Grenzen alles Endlichen. Sie lässt sich berühren, aber nicht illusionieren. Sie kennt eine »nüchterne Trunkenheit«. Haus, Hund, Auto, Beruf, Karriere, Freunde, Partner, Kinder haben ihre Würde und ihren unhintergehbaren Glanz, sind der Liebe wert (liebenswert), aber es bleibt eine letzte Zurückhaltung: Das Unbedingte liegt nicht im Begrenzten und Bedingten. Somit ist in allem Bedingten das Lassen vorgezeichnet. Und der Mensch, der lassen kann, ist die Brücke zwischen Endlichem und Unendlichem. Nur beides zusammen gelebt, durchlichtet und versöhnt, macht den Menschen zum Menschen. In allem Endlichen zeigt der Pilgerpfeil auf das Unendliche. Und genau an diesem Punkt lauert eine große Unreife, eine Pseudogelassenheit, die aus einer stillen oder offenen Verzweiflung hervorgeht. Diese Verzweiflung entsteht, wenn der Mensch nicht über die irdisch-vergänglichen Güter hinausblickt und einer nihilistischen Resignation anheimfällt. Er spürt, sieht und erfährt, dass alles zu viel verspricht: Macht, Sexualität, Beruf, Ansehen, Partner, Kinder – nichts kann und darf er halten. Wenn er etwas festhält, bringt es ihn der Zerstörung nur unausweichlich näher. Er begreift die Täuschungen, denen viele nachjagen. Er weiß nur zu genau, wie schnell der Mensch vom »jagenden Jäger« zum »gejagten Jäger« werden kann. Er gesteht sich ein, dass von allem nichts bleibt, aber eine Rebellion ist aussichtslos. Die Karawane zieht weiter! Das Höchste, was ihm gelingen mag, sich aufbäumend gegen dieses Grundwissen, ist, Ja zu sagen zum Augenblick. Er erfährt für sich: »Ich werde nicht von einem größeren Sinn des Lebens gefunden. Ich muss ihn selbst erfinden!« Korrekter: Er muss ihn von Augenblick zu Augenblick erfinden, ihn setzen, gegen die Mäanderströmung der Zeit. Der Augenblick wird zum »göttlichen Moment«, zum Kultbegriff einer auf sich selbst geworfenen Kultur.[103] Alles andere, Vergangenheit und Zukunft, ist und bleibt ihm entzogen. Die unterschwellige Grundstimmung bleibt jedoch die Schwermut, auch wenn sich der Mensch im Untergang ein strahlendes Ja abringt. Doch die so erreichte Gelassenheit ist trügerisch und ein Schattenbild des Nichts. Arthur Schopenhauer und Friedrich Nietzsche lassen grüßen. Es ist alles Nichts! Es bleibt die Verzweiflung angesichts des Unabwendbaren, dem ich den Sinn abtrotze wie der Küstenbewohner dem großen Meer eine Parzelle Land, bis die Winter- und Frühjahrsstürme zurückholen, was die menschliche Hand festhalten will. »Was ist der Mensch?«, fragt der Lyriker Durs Grünbein und gibt selbst die Antwort: »Ein Tier, das sich im Trotz verliert.«[104]

Hinter mancher Gelassenheit liegen Zynismus, Enttäuschung, Ernüchterung, ja brütet die Verzweiflung. Gelassenheit scheint hier eine Art Balanceakt zu werden, um nicht in den Wogen der Unüberschaubarkeit vorzeitig unterzugehen. Diese Gelassenheit sieht nicht im Endlichen bis zum Unendlichen, bricht nicht mitten im Diesseits zum Jenseits durch, entdeckt nicht Unvergängliches im Vergänglichen. Es ist keine Gelassenheit zu den Dingen, die eine Offenheit für das Geheimnis ist und sich einlässt auf das Unvergängliche.[105] Es ist keine Gelassenheit aus dem Glauben.

Was zeichnet Gelassenheit aus dem Glauben aus? Was für eine Lebenswahrheit bezeugt der Apostel Paulus in seinem Brief an die Gemeinde in Philippi, wenn er schreibt:

> »Ich weiß Entbehrungen zu ertragen,
> ich kann im Überfluss leben.
> In jedes und alles bin ich eingeweiht:
> in Sattsein und Hungern,
> Überfluss und Entbehrung.
> Alles vermag ich durch ihn, der mir Kraft gibt.«
> (Phil 4,12–13)

Um zu einer einigermaßen tragfähigen Antwort zu gelangen, müssen wir zunächst einige grundsätzliche Überlegungen zum christlichen Glauben anstellen.

Gelassenheit als »christliche Lebenskunst«

Der gelebte Glaube ist die Lebenskunst, die aus der rechten Verhältnisbestimmung von Endlichem und Ewigem hervorgeht. Anders formuliert: eine Beziehungskunst zwischen Gott, Welt und Mensch, die wir nicht selbst herstellen, sondern die uns durch unseren Glauben erschlossen wird. Gelassenheit entsteht, wo die Balance aller menschlichen Beziehungspole aus der Nähe zu Gott gefunden wird.

Der christliche Glaube basiert dabei auf einer unhintergehbaren und für das christliche Verständnis von Gelassenheit folgenreichen Grundvoraussetzung: Der Mensch kann sich nicht ohne Gott verstehen. Das Ewige gehört zum Menschen wie das Endliche. In der alltäglichen Begrenztheit ruft der Grenzenlose nach uns. Wer zu klein ansetzt, eben nur bei sich und wieder bei sich, der landet in einer inneren Verwirrung, die ein falsches Selbstverhältnis erzeugt und die ganze Schöpfung in den Missbrauch zieht. Dann soll »ich selbst« bzw. »das Selbst«, der Freund, der Beruf, die Familie etwas geben, was sie nicht können, und werden deshalb korrumpiert.

Im Menschen liegt eine suchende Größe, eine fragende Weite, die nur der tragende Horizont dieser Welt selbst umfassen und einbergen kann. Daraus ergibt sich: *Die radikalste Freiheit* des Menschen ist die Offenheit, die »mehr« erwartet als sich selbst, sie öffnet für die Möglichkeiten, die Gott schenkt. *Seine tiefste Liebe* ist jene, die aus Gott die Liebe in sich schöpft. Gott selbst ist nicht nur Ursprung und Ziel, sondern Quellpunkt des menschlichen Lebens. Er ist also recht verstanden nicht nur Lebensmitte, sondern auch »Lebensmittel«.[106]

Wer herausfinden will, wo er mit seiner »Lebenskunst« steht, christlich gesprochen: inwieweit Gott in seiner Lebensführung Raum hat, sollte sich fragen: Wo liegt die Mitte meines Lebens? Worauf bezieht sich letztlich und erstlich alles? Dies jedoch nicht nur gedacht, sondern real an einigen konkreten Ereignissen nachgespürt! Vielleicht mit diesen konkreten Fragen:
- Denken Sie, dass es ohne Sie nicht geht?
- Haben Sie Angst, Ihr Gesicht zu verlieren, wenn Sie aufgeben?
- Wie gehen Sie mit Abschieden um?

- Können Sie sich Fehler verzeihen?
- Ist es Ihnen wichtig, recht zu haben?
- Sind Sie nachtragend?
- Wann haben Sie das letzte Mal geweint?
- Schenken Sie gern?
- Beten Sie?
- Können Sie sich verwöhnen und beschenken lassen?
- Können Sie schweigen?
- Glauben Sie, dass Gott gütig ist?
- Erwarten Sie etwas vom Leben oder darf das Leben auch etwas von Ihnen erwarten?

Diese Fragen helfen möglicherweise, andere wesentliche Fragen zu beantworten:
- Gibt es einen Mittelpunkt in mir, der mich trägt, oder (er)trage ich mich selbst?
- Was eint das Viele und Vielerlei meines Lebens?
- Wo liegt der Mittelpunkt, der alle Peripheriepunkte meines Lebens zusammenführt?
- Wohinein entfaltet sich die Mitte und woraufhin kann ich meine Lebendigkeit zurückführen?
- Hat diese Mitte für mich einen Namen?

Der Schlüssel zur Gelassenheit

Für den christlichen Glauben gehört Gott in die Definition des Menschen und in seine »Aufklärung« über sich hinein. Es macht die Würde und Wanderschaft des Menschen aus, dass er mehr ist als er selbst. Das bekennt der christliche Glaube mit der Formulierung: Der Mensch ist Gottes Ebenbild, also ein Ausdruck von Gottes Gegenwart.

Die Präsenz Gottes, der ewig ist, ist das tragende Geheimnis meines Lebens. Ihr zum Durchbruch zu verhelfen gerade im Alltagsgestrüpp, ist mein und unser Friede. Erst über den »göttlichen Umweg« finde ich zu meiner eigentlichen Lebensgestalt. Für den Glauben gehen Selbstfindung und Selbsthingabe einen gemeinsamen Weg. In der Hingabe an Gott finde ich mich, oder besser: erfindet er mich neu! Für diesen zweifach einen Weg gebrauchen die deutsche dominikanische Mystik des Meister Eckhart (um 1260–1328) und seine Schüler Johannes Tauler (um 1300–1361) und Heinrich Seuse (um 1295/97–1366) den Begriff »Gelassenheit«, der die Tür zur »Gottesgeburt« im Menschen ist. Erst aus der gelebten Beziehung zum Ursprung, Quelle und Ziel meines Lebens, gewinne ich die Fähigkeit, mein Leben zur Erfüllung zu führen. Das Merkmal dieser Erfüllung ist die Gelassenheit.

Unruhig, gehetzt, sorgend und ängstlich, ja zwielichtig und gespalten werde ich dort, wo ich mich von meiner Quelle ablöse und Zweitrangiges vergöttere. Das fällt mir nicht sofort auf und ich verschleiere es vor mir selbst. Selbsterkenntnis ist das Gegenteil von Selbsttäuschung durch Ausrede und Vorwürfe an andere. Weil die Gelassenheit ein Sich-selbst-Finden in der Begrenzung ist, ohne die Gebrochenheit des menschlichen Lebens zu leugnen, bedarf sie unabdingbar der Selbsterkenntnis. Gelassenheit ist aber mehr als Selbsterkenntnis. Sie ist der Über-Schritt in ein tiefes Einverständnis und in die Verbindung mit einem höheren Zweck und Ziel meines Lebens, das Gott selbst ist.

Doch all das ist prekär und muss immer wieder neu errungen und im Letzten empfangen werden, denn

> »in jedem Menschen liegt die tiefe Sehnsucht verankert, sein Leben mit einem höheren Sinn und Zweck zu verbinden. Gelingt ihm dies nicht, ist er frustriert und fällt in aller Regel einer mehr oder weniger starken Sucht anheim, die nichts anderes ist als ein Synonym für eine nicht vollendete Suche.«[107]

Die Selbsterkenntnis legt frei, ob wir Versprechungen hinterherlaufen, die bei Lichte betrachtet in den Abgrund führen, weil sie die Abgründe des Lebens verleugnen oder überblenden, also Suchtstruktur besitzen. Die Sucht ist die Lebensgestalt der Leugnung. Es bleibt eine große Herausforderung und fordert Achtsamkeit und Kampf: die Sehnsucht gegen die verkürzte Sehnsucht, die Sucht, zu verteidigen. Glaube ist die Verteidigung der Sehnsucht. Die Sucht, das Ausblenden des gesamten Lebensbogens, das im Bedingten das vermeintlich Unbedingte (»das Ultimative« nennt es die Gegenwartsprache) sucht, hat heute viele Gesichter: Wir amüsieren uns zu Tode (Erlebnistaumel), wir lieben uns zu Tode (Beziehungsüberforderung), wir arbeiten uns zu Tode (Leistungsrausch). Selbsterkenntnis führt zur wahrhaften Suche, weil sie Scheitern und Begrenztheit, Talente und Begabungen, erfüllende Momente und Vermissen zusammen sieht und das eine nicht um des anderen willen verleugnet.

Dabei handelt es sich um eine alles Weitere bestimmende Grundentscheidung und damit eine Grund*unter*scheidung: Endliches und Unendliches gehören zusammen! Zugleich gilt es zu unterscheiden, wo Relatives zu Absolutem erklärt wird: Gott, der unbedingte Horizont meiner Suche, oder Götze; Egozentrik oder Theozentrik; Gott als Fülle des Lebens oder die Selbstmächtigkeit in der Stilisierung des Augenblicks. Die Entscheidung zur Unterscheidung eröffnet die Bereitschaft zu einer radikalen Selbsterkenntnis, die den Weg zur christlichen Gelassenheit freigibt.

Der göttliche Meister: Jesu Gelassenheit

Wie der Glaubende zur christlichen Haltung der Gelassenheit kommt, lebt Jesus, der das Unendliche mit dem Endlichen verbindet, produktiv vor. Durch sein ganzes Leben lädt er ein:

> »Kommt alle zu mir, die ihr euch plagt und schwere Lasten zu tragen habt. Ich werde euch Ruhe verschaffen. Nehmt mein Joch auf euch und lernt von mir; denn ich bin gütig und von Herzen demütig; so werdet ihr Ruhe finden für eure Seele. Denn mein Joch drückt nicht und meine Last ist leicht« (Mt 11,28–30).

Die biblische Erzählung vom Sturm auf dem See (Mk 4,35–41) spiegelt die von Jesus gelebte und verkündete Gelassenheit in verdichteter Weise wider.

> »Am Abend dieses Tages sagte er zu ihnen: Wir wollen ans andere Ufer hinüberfahren. Sie schickten die Leute fort und fuhren mit ihm in dem Boot, in dem er saß, weg; einige andere Boote begleiteten ihn. Plötzlich erhob sich ein heftiger Wirbelsturm, und die Wellen schlugen in das Boot, sodass es sich mit

Wasser zu füllen begann. Er aber lag hinten im Boot auf einem Kissen und schlief. Sie weckten ihn und riefen: Meister, kümmert es dich nicht, dass wir zugrunde gehen? Da stand er auf, drohte dem Wind und sagte zu dem See: Schweig, sei still! Und der Wind legte sich und es trat völlige Stille ein. Er sagte zu ihnen: Warum habt ihr solche Angst? Habt ihr noch keinen Glauben? Da ergriff sie große Furcht und sie sagten zueinander: Was ist das für ein Mensch, dass ihm sogar der Wind und der See gehorchen?«

Die Fragen, die diese Erzählung weckt, sind gewollt: Wie kann man im Sturm schlafen? Wie kann man nur so ruhig bleiben? Wie kann Jesus im Sturm so reagieren? Es ist nicht ganz klar, was einen mehr staunen lässt: »dass ihm sogar der Wind und der See gehorchen« oder dass er mitten im Wirbelsturm auf einem Kissen schlafen kann.

Der Text hat eine pädagogische Ausrichtung. Wie eine Mutter ihr kleines Kind in der Gefahr auf den Schoß nimmt, es umfängt, hütet und wiegt, damit es nichts von der umgebenden Bedrohung spürt, bleibt Jesus inmitten des Sturms ruhig, um zu signalisieren, dass es in den Stürmen des Lebens keinen Grund gibt, sich der ausufernden Angst auszuliefern. Wie das Geheimnis jeglicher Erziehung darin besteht, Kindern das eigene Vertrauen ins Leben, den eigenen Halt zu vermitteln, so besteht das Geheimnis aller Glaubenshinführung darin, die anderen teilhaben zu lassen an dem Vertrauen des Glaubenden zu seinem Gott. Durch das Vertrauen Jesu, durch sein Schlafen inmitten des Sturms wird das Vertrauen der Jünger wachgerufen. Jesus will uns zeigen, wem er vertraut, gleichsam durch den Schlaf und im Schlaf.

Gelassenheit aus Vertrauen

Das Evangelium von der Stillung des Seesturms ist tief mit der Gesamtbotschaft des Markusevangeliums verwoben. Jesus beginnt nach dem Markusevangelium sein öffentliches Wirken unter dem Gotteswort, das er in seiner Taufe im Jordan über sich hört: »Du bist mein geliebter Sohn, an dir habe ich Gefallen gefunden« (Mk 1,11). Das ist der tragende Grundton seines Lebens. Aus diesem

Grundwort heraus verkündigt er, dass aus dem kleinen Senfkorn ein großes wird; dass der himmlische Vater sein Reich wachsen lässt wie die Saat auf dem Feld und der Mensch nicht weiß, wie. Das Evangelium von der Stillung des Seesturms fasst bildlich zusammen, was die innere Wahrheit Jesu ist: Er ruht in der Liebe seines Vaters, wie ein Kind in der Liebe der Mutter ruht. Während die Stürme gegen ihn heranbrausen, bleibt sein Herz ruhig im Rhythmus des »Abba, Vater«. Aus diesem Vertrauen wird Jesus in den direkt nachfolgenden Evangelienabschnitten Menschen von Dämonen befreien, also von dem, was sie im Innersten besetzt und versklavt; er wird Kranke heilen (die Frau, die alle Ärzte besucht hat und an einer unheilbaren Blutung leidet) und er wird sogar Tote erwecken (die Tochter des Jairus). All das wird beim Evangelisten Markus erzählt, damit die Jünger verstehen: Wer ist dieser? Wer ist dieser Mensch? Auf diese Frage führt der Evangelist zu und sie begleitet bis zum Tod und der Auferstehung nicht nur die Außenstehenden, sondern den engsten Jüngerkreis selbst. Im Sturm auf dem See und in der Sturmstillung wird nicht erklärt, wer er ist, sondern in wem Jesus ruht: im Vater. Wer er ist, das wird in seinem ungebrochenen Vertrauen in Gott, den Vater, sichtbar: Er ist der Sohn!

Der Vater Jesu ist auch unser Vater. Dazu ist Jesus gekommen, um uns den Vater zu offenbaren und uns so das Vertrauen in den Vater zu lehren: »Bei euch aber sind sogar die Haare auf dem Kopf alle gezählt« (Mt 10,30). Er ist bei mir, auch und gerade im tosenden Sturm meiner Ängste! Kann ich das glauben? Diese Frage wird nicht »stoisch ruhig« von den Jüngern geklärt, sondern dramatisch.

»Sie weckten ihn und riefen: Meister, kümmert es dich nicht, dass wir zugrunde gehen?« Das ist ein Gebetsruf! Ein Gebet, das aus dem Herzen kommt. So haben die Gläubigen zu allen Zeiten gefleht:

> »Wach auf! Warum schläfst du, Herr?
> Erwache, verstoß nicht für immer!
> Warum verbirgst du dein Gesicht,
> vergisst unsere Not und Bedrängnis?
> Unsere Seele ist in den Staub hinabgebeugt,
> unser Leib liegt am Boden.

Steh auf und hilf uns!
In deiner Huld erlöse uns!« (Ps 44,24–27).

Aber oft sind es ganz andere Nöte, die den Menschen das Gefühl geben, in den Wogen unterzugehen:

»Hilf mir, o Gott!
Schon reicht mir das Wasser bis an die Kehle.
(…) ich geriet in tiefes Wasser,
die Strömung reißt mich fort.
Zahlreicher als die Haare auf meinem Kopf
sind die, die mich grundlos hassen.« (Ps 69,2.3.5).

Die Jünger beten wie viele Menschen, die vor ihnen in ähnlichen Situationen zu Gott gerufen haben: »Steh auf« (Ps 7,7). »Da stand er auf«, heißt es im Evangelium. Jesus schläft im Boot, weil er ein Zeugnis seines Vertrauens zum Vater gibt. Die Jünger können und dürfen durch »das Gebet«, den Hilferuf, in das Vertrauen gehen, trotz aller Mahnung Jesu am Ende der Erzählung, sich nicht an die Angst zu verlieren, sondern zu glauben. Dies ist nur ein schwaches Vorausbild für den Sturm, der sich am Ende des Lebens Jesu in der Passion über ihn und seine Jünger erhebt. Am Kreuz gibt Jesus *das* Zeugnis des Vertrauens in den Vater in den Chaoswellen der Gewalt, der Folter und des Todes. Die Botschaft aller Evangelien lautet: Jesus will uns in sein Vertrauen ziehen. Er führt selbst in seiner Passion aus, was er seine Jünger gelehrt hat: »Sorgt euch nicht um euer Leben (…) Macht euch also keine Sorgen (…) Euer himmlischer Vater weiß (…)« (Mt 6,25.31.32). Der schlafende Jesus im aufgewühlten Wasser, im Chaos des Todes ist ein lebendiges Bild der himmlischen Unbesorgtheit: »Nur eines ist notwendig« (Lk 10,42); »Euch muss es zuerst um sein Reich und um seine Gerechtigkeit gehen« (Mt 6,33).

In der Erzählung vom Seesturm heißt es: »Es trat völlige Stille ein.« Jesu Ein-ge-lassenheit in den Vater gebiert Stille! Jesu Vertrauen zum Vater schafft einen Frieden, der alles Verstehen übersteigt (vgl. Phil 4,7). In diese Ruhe, Gelassenheit, mitten im Sturm jenseits des Sturms, will er uns hineinführen, bei allem, was uns bedroht – über jede Macht hinaus.

Jesu passionierte Gelassenheit

Mit seinem symbolisch bedeutsamen Einstieg, so lässt sich vermuten, beansprucht das Evangelium, Grundsätzliches zum menschlichen Selbstverständnis auszusagen: »Am Abend dieses Tages sagte Jesus zu seinen Jüngern: Wir wollen ans andere Ufer hinüberfahren...«

Ein Aufbruch zu anderen Ufern, das ist die Grundsituation des Menschen. Er steht immer in einer potenziellen Krise und Ungesichertheit. Der Aufbruch steht immer wieder an. Gerade wenn es »Abend« wird, d.h., wenn etwas zu Ende geht. Menschen müssen immer wieder Abschied nehmen: von lieben Vorstellungen, Menschen, beruflichen Bindungen. Und sich zu neuen, auch unbekannten Ufern aufmachen. Der Mensch ist Seefahrer!

Viele kennen in dieser Unsicherheit nur zwei Alternativen: alles im Griff zu haben, zu strukturieren, zu ordnen und zu planen oder im Chaos, in der Orientierungslosigkeit, in Sorge und Angst zu ertrinken. Jesus lehrt uns etwas Drittes: Vertrauen! Vertrauen ist weder reine Beherrschbarkeit noch ängstliche Panik. Vertrauen in Gott ist der innerste Kern der christlichen Gelassenheit. Sie meint daher nicht Selbstsouveränität, sondern zuversichtliche Wegbereitschaft. Der Glaube ist zum Gehen da – die Ankunft ist noch offen, aber erhofft.

Das Evangelium deutet damit an: Mit Jesus sind wir als Glaubende auf unserer großen Lebensreise. Mit ihm fahren wir zu ganz anderen Ufern. Nicht allein, sondern mit vielen anderen im gleichen Boot. Das Boot als Ort der besonders vertrauten und nahen Beziehung zu Jesus bewahrt uns allerdings nicht vor Stürmen, darin ist die Erzählung sehr ehrlich. Auch mit Jesus an der Seite geraten wir in Situationen, in denen wir den Überblick verlieren, ja, in denen tiefe Ängste aufsteigen können. Das Evangelium sagt schlicht: Wir können ihn anrufen, wie die Jünger und wie viele Beter vor uns es getan haben und nach uns rufen werden: »Herr, wach auf! Siehst du denn nicht?« Er aber ruht inmitten des Sturmes und will unser Gebet und unsere Aufmerksamkeit verändern. Wir sollten staunen, dass er im drohenden Untergang sich so gehalten weiß, damit wir betend fragen: »Worin ruhst du, Herr, damit ich zur Ruhe komme? Wo ist dein Halt, damit ich Halt finde? Herr, lass mich in deinem Vertrauen Vertrauen finden! Zeig uns den Vater!«

Gelassenheit ist also nicht Risikofreiheit und Unberührbarkeit im Auf und Ab des Lebens, sondern mehr Weg denn Ziel! In einem erstaunlichen Realismus wird hier der Glaube vorgestellt. Es kann stürmisch werden, wenn wir zu Jesus ins Boot steigen. Wir haben als Christen nicht die Ruhe weg, aber einen »Weltvertrauensort« – Jesus.

Paradox des Glaubens: Jesus weckt das Vertrauen, indem er schläft. In diesem Paradox wird ein Friede angekündigt, der alles menschliche Verstehen übersteigt und unsere Kategorien sprengt. Dass dies so ist, wird erneut in Jesu »Gelassenheit« auf seinem Passionsweg vor Augen geführt. In seinem Schweigen vor dem Richter Pilatus, aber noch mehr in seinem Sterben am Kreuz lässt er alles, weil er sich den Händen Gottes, des Vaters, überlässt, obwohl er sich selbst von ihm verlassen fühlt. Im Sich-fallen-Lassen fällt er bis in die Tiefen des Todes und fällt doch in Gottes Leben hinein. Dies ist der Kern christlichen Auferstehungsglaubens. Die christliche Gelassenheit ist eine Widerspiegelung des Weges Jesu von Kreuz, Tod und Auferstehung, vom Lassen zum Überlassen, zum Leben.

Der mystische Weg durch die Realität

Die mittelalterliche deutsche Mystik hat diese Verwandlung und Vereinigung mit Gott durch die Zone des Todes[108] hindurch gerade unter dem Begriff »Gelassenheit« zusammenfassen wollen. Meister Eckhart und seine Schüler waren bemüht, in philosophischen Spekulationen und durch konkrete geistliche Hinweise zu entfalten, was sie im biblischen Zeugnis über die Nachfolge Jesu vorfanden. Von ihren konkreten Anregungen, bei allem nötigen, behutsamen Umgang mit ihren philosophischen Konzeptionen, lässt sich noch heute für die christliche Lebensführung profitieren.

Eckhart, auf den das deutsche Wort »Gelassenheit« (gelâzenheit) zurückgeht, behauptet, dass nur der Mensch wirklich gelassen ist, der sein Zentrum in Gott hinein verlagert, indem er sich geistig von allem Kreatürlichen, also von der ganzen geschaffenen Welt, löst. Wer diese Gelassenheit nicht »hat« bzw. wer nicht »gelassen ist«, der ist unfrei, gebunden und verschlossen. Er hat noch nicht zur Weite seiner ganzen Existenz gefunden.

Der Dominikaner Eckhart geht bei seiner Auffassung von Bibelstellen aus, in denen das »Alles-Verlassen« Thema ist: Mt 4,20 (»Sofort ließen sie ihre Netze liegen und folgten ihm«); Mt 19,29 (»Und jeder, der um meines Namens willen Häuser oder Brüder, Schwestern, Vater, Mutter, Kinder oder Äcker verlassen hat, wird dafür das Hundertfache erhalten und das ewige Leben gewinnen«); Lk 5,11 (»Und sie zogen die Boote an Land, ließen alles zurück und folgten ihm nach«).[109]

»Alles verlassen« meint für Johannes Tauler, Meister Eckhart verdeutlichend, das Gegenteil von »kleben« bzw. »an etwas kleben« und von Anhänglichkeit im Sinne von Abhängigkeit, ja Anmaßung. Das »Lassen« ist die Voraussetzung zur »Gelassenheit«!

»Lassen« ist hier Abkehr und bedeutet zugleich eine radikale Hinkehr zu Gottes Gottsein, zu seiner unvordenklichen Größe. Etwas zu lassen, es versöhnt loszulassen, geht nur in der Dynamik der Zuwendung zu einem Anderen, nicht einfach »zu mehr«, sondern zum Anderen, zum Wertvolleren und Tieferen. Das Lassen, soll es zur echten Gelassenheit führen, darf nicht negativ motiviert sein, nicht durch Enttäuschung, Frustration oder Resignation. Das Leben lässt sich nicht darauf aufbauen, dass man von diesem oder jenem enttäuscht ist (Menschen, Familie, Beziehungen usw.), dass man dieses oder jenes nicht will, sondern darauf, was man bejaht! Lassen verendet in einem falschen Asketismus, in einer falschen Verneinung der geschöpflichen Welt, wenn einem Gott nicht in seiner Fülle aufgeht. Denn der Aufgang Gottes wertet die ganze geschaffene Welt nicht ab, sondern lässt sie in ihrem tiefsten Sinn erfahrbar werden.

Die Gelassenheitszwillinge: Verlassen – Sich-Überlassen

Gelassenheit entsteht nach Eckhart durch eine doppelte Bewegung. Zum einen, wie bereits gesagt, durch das »Verlassen« (relinquere omina), wobei der Bezugsgegenstand dieses Verlassens bei Eckhart nicht nur die (geschaffene) Welt, sondern auch der Mensch selbst ist. Der Mensch selbst wird aufgefordert, sich zu verlassen. Zum anderen verwendet Eckhart das Verb »lâzen« auch in der Bedeutung des »Sich-Überlassens« (committere) und meint näherhin »sich Gott überlassen«. Für den großen Mystiker ist jede Abkehr von den Erscheinungen dieser Welt einschließlich der eigenen Person eine Hinkehr des Menschen zu Gott. So erzeugt das Lassen ein Sich-Überlassen. Bei Eckhart gilt der Grundsatz: Ich muss verlassen *haben*, um gelassen zu *sein*.

Tauler konkretisiert: Grundsätzlich ist alles zu verlassen, von dem man weiß, dass Gott es gelassen haben will. Vor allem soll der Mensch sich selbst und seine Neigungen und Wünsche loslassen und sogar das Lassen-Wollen nochmals loslassen. Im Original: »So muss der Mensch sich (...) leeren und bereiten lassen und alles lassen und dieses Lassens selbst ebenso ganz und gar ledig werden und es lassen.«[110]

Gelassenheit ist nach Eckhart – und hier folgen ihm seine Schüler Johannes Tauler und Heinrich Seuse – der Weg des Menschen zu Gott. Genauer: Das Sich-selbst-Lassen des Menschen ist die Grundbedingung, um mit Gott vereint zu sein. Übereinstimmend stellen sie heraus, dass vor allem die Ichbindung, das eigensüchtige Streben, der Eigenwille gelassen werden soll. Es gehe weder um die Abwertung der Schöpfung noch um die Verneinung der eigenen Person, sondern um ihre Hinordnung auf den Schöpfer. Wer die Eigensucht verlässt, ist erst für Gott selbst wahrhaft empfänglich geworden. Das Sich-Gott-Überlassen ist nichts anderes als die Bereitschaft, Gottes Willen zu tun. So wird der Mensch »wirklich«, denn er wirkt mit Gott, der alles wirkt.

Der vernichtende Punkt: Gott lassen um Gottes Willen

Jeglicher eigene Wille ist aber erst dann gelassen, wenn ich Gott um Gottes Willen lasse, wenn ich also jede subjektive, verdinglichte Gottesvorstellung sowie jegliches eigene Wollen gegenüber Gott losgelassen habe, wenn ich Gott »ohne Warum« liebe. Das ist nach der Lehre Eckharts der Höhepunkt jeglicher Gelassenheit.[111] Der große Mystikforscher Alois Maria Haas kann sogar sagen:

»Das Thema der Destruktion der Gottesbilder ist Zentrum der Gelassenheit. Bilder und Gedanken Gottes verdinglichen ihn, setzen ihn in Relation zum Geschaffenen, fassen den letztlich Namenlosen in Namen. Gelassenheit heißt nach Eckhart Nichts-Wollen, Nichts-Wissen, Nichts-Haben, totale Armut. Selbst und gerade den Willen, Gottes Willen zu erfüllen, selbst und gerade das Wissen um Gottes Wirken in ihm, selbst und gerade den Besitz einer Stätte in sich, in der Gott zu wirken vermag, muss der Mensch lassen, wie Eckhart in seiner Predigt *Beati paupers spiritu* in äußerster Zuspitzung fordert. Grund dieser und aller Gelassenheitspostulate ist die mystische Einheit mit Gott, die Eckharts einziges Thema ist. Einssein mit Gott ist nur möglich, wenn alles – Dinge und Welt, Selbst und Gott – verlassen, gelassen und überlassen worden sind. Denn erst dann kann Gott sein, der er wesenhaft ist. Erst im Durchbrechen in die Gelassenheit, die absolute Armut und Abgeschiedenheit ist, kann Gottes Unvordenklichkeit und Freiheit in menschlicher Empfänglichkeit ›erlitten‹ werden.«[112]

Hat der Menschen gelassen und sieht er nicht mehr auf das, was er gelassen hat, und hat er sogar Gott an Gott selbst freigegeben, dann ist der Mensch in seiner letzten Freiheit, die ihre Möglichkeiten aus Gottes Freiheit schöpft, dann ist er in einer Liebe, die er in sich aus Gott schöpft. Mit den Worten Eckharts:

»Denn findet Gott den Menschen so arm, so wirkt Gott sein eigenes Werk und der Mensch erleidet Gott so in sich, und Gott ist eine eigene Stätte seiner Werke angesichts der Tatsache, dass Gott einer ist, der in sich selbst wirkt.«[113]

Es lässt sich somit zusammenfassen: Ein dreifaches »Lassen«, das *aus* und *in* einem Sich-Überlassen in Gott *entspringt* und *mündet*, beschreibt somit in der Tradition der deutschen Mystik den Weg zur christlichen Gelassenheit:
- Alles (das All der Dinge und Sachverhalte) lassen, sofern sie Abhängigkeit und Anhänglichkeit erzeugen.
- Sich selbst verlassen, seinen Eigenwillen und seine Eigenmächtigkeit.
- Die Welt als geschlossenes Arsenal menschlicher Sicht und Mög-

lichkeit – zu dieser »Welt« gehört auch unser Gottesbild – um Gottes Willen lassen und dies zu wollen noch lassen.
- »Lassen« im radikal christlichen Sinn gelingt nur da, wo ich mich fallen lasse – in Gott hinein.
- Das Leben Jesu offenbart, auf welchen Gott ich vertrauen darf und mich loslassen kann.
- Beides, Lassen und Über-Lassen, bedingt sich: Ich muss konkrete Dinge, Ereignisse, Gegebenheiten lassen, um mich Gott zu überlassen. Je mehr ich mich Gott überlasse, umso mehr gelingt es mir, »das Haben« hinter mir zu lassen.

Gelassenheit meint daher keine Versicherung im Selbstbesitz und souveräne Selbstgenügsamkeit im Sinne eines gängigen Gelassenheitsbegriffs, sondern zunächst die Lösung von dem Anspruch, uns unserer selbst zu bemächtigen, festzuhalten, habhaft zu werden. Gelassen bin ich, wenn ich frei bin, mich selbst zu lassen, mich an meinen Eigenschaften nicht hochzuturnen oder herunterzumachen, sondern aus Gottes Hand anzunehmen, was ist und sein wird. Oft nennen wir einen Menschen gelassen, weil ihn nichts aufbringt. Das ist höchstens und bestenfalls ein äußeres Zeichen. Aber Gelassenheit muss nicht leidenschaftslos sein, das lehrt die Gelassenheit Jesu. Wenn wir nicht leiden, mitleiden und uns nicht einsetzen, geht uns nichts unausweichlich an.

Drama Gelassenheit

Die christliche Gelassenheit hält bei allem »Lassen« an einem fest: »Von der Liebe ist nicht zu lassen!« Das lebt die Gelassenheit Jesu selbst in seiner Passion und Auferstehung vor. Christliche Gelassenheit ist keine Gleichgültigkeit, sondern eine engagierte Gelassenheit: »Weil in Gott gelassen, von der Liebe nicht lassen!« – diese Beständigkeit und Selbsttreue gehören zur christlichen Gelassenheit. Dies aber rührt an einer letzten Wirklichkeit, die den Tod nicht scheut, vielmehr durch den Tod ins Leben kommt. Die christliche Gelassenheit berührt den Tod, die kleinen Tode und den großen, richtiger: Sie ist durch »meinen Tod« Leben.

Die Dramatik dieser Verwandlung darf der Glaube jedoch nicht verharmlosen. Der Glaube ist keine gnädige Anästhesie noch eine

Amnestie vom Werden. So fragt ein unbekannter Autor ganz entschieden:

»Vater, deinen Händen überlasse ich mich...
Was heißt, ich überlasse mich Gott?

Was erfährt, wer loslässt?
Heißt es sich niederlassen an der Schwelle Gottes,
eingehen in die Ruhe des Lebens,
der Angst den Zutritt verwehren,
der Furcht,
der Vergeblichkeit?
Heißt es, von Gott erwarten, dass er mich wärmt,
sichert,
hütet,
vor Schaden bewahrt?
Heißt das sich Gott überlassen?

Sich überlassen hat nichts mit Wärme zu tun,
die der Schoß gewährt
und Arme schenken
und eng umschlungene Herzen.

Es ist nichts, was ein Kind tun kann,
es widerfährt ihm.
Dem Erwachsenen kann es nicht widerfahren,
er muss es selber tun.
Sich überlassen geschieht allein
mit Jesus
und in seiner reifen Kraft.
Es ist nicht bloß ein Lockerlassen,
es heißt sich loslassen und übergeben.

Es heißt Zerschneiden aller Bande, durch die wir
die Kräfte des Lebens
manipulieren
kontrollieren
und verwalten.

Sich überlassen heißt
nichts managen,
nichts abblocken und abschirmen,
nichts erwarten.
Sich überlassen heißt alles empfangen,
so wie man ein
Geschenk
empfängt,
mit offenen Händen
und geöffnetem Herz.

Sich Gott überlassen
ist der Höhepunkt
im Leben jedes Menschen.
Dann bleibt nichts mehr zu tun.
Kein Ort mehr aufzusuchen.
Tod geschah.«[114]

In dieser Verwandlungsdramatik stehen wir unter dem Wehen des Heiligen Geistes, den Jesu selbst uns für diese Zeit zugesagt hat:

> »Der Beistand aber, der Heilige Geist, den der Vater in meinem Namen senden wird, der wird euch alles lehren und euch an alles erinnern, was ich euch gesagt habe. Frieden hinterlasse ich euch, meinen Frieden gebe ich euch; nicht einen Frieden, wie die Welt ihn gibt, gebe ich euch. Euer Herz beunruhige sich nicht und verzage nicht« (Joh 14,26f.).

Bei allen Stürmen und Dramen: Der Beistand, der Geist Gottes, ist uns zugesagt in seinem verwandelnden Feuer. Der Heilige Geist aber ist das Gleichgewicht von Halten und Lassen, von Liebe in Freiheit. Er ist die Gelassenheit in Gott und er schenkt sie uns unbegrenzt, weil er sich lassen und überlassen kann.

Wer nach der christlichen Gelassenheit fragt, sollte sich also folgende Elemente vor Augen halten und zu Herzen nehmen.

Säulen christlicher Gelassenheit

- Christliche Gelassenheit ist weder ein Leben über dem Leben in einer anderen Welt noch ein experimenteller, rauschartiger Ausgang aus den Gegebenheiten. Sie ist stattdessen gekennzeichnet durch eine starke Dosis Wirklichkeit und durch die Sehnsucht: »Ich will mich wahr haben.« Aus diesem Grund ist sie auch ein Weg der Versöhnung: »Geh dir und deinem Leben, deinem Charakter und deinen Schwächen nicht aus dem Weg. Setze dich damit auseinander, doch versuche nicht, dich darüber hinwegzusetzen; du wirst immer wieder auf dich zurückgeworfen.«[115]
- Christliche Gelassenheit flieht nicht die Welt, sondern verlässt eine bestimmte Art von Welt, um etwas anderes, Tieferes und Reicheres zu ergreifen, zu erfahren und zu verwirklichen. Sie ist eine neue Art, das eigene Leben aus der Nähe Gottes zu übernehmen, aus dem Vertrauen sich in Gottes Hand zu wissen in der Zuversicht, dass »Gott bei denen, die ihn lieben, alles zum Guten führt« (Röm 8,28).
- Christliche Gelassenheit zielt darauf hin, frei zu werden von allem, was dem eigenen Selbst widerstrebt und den Menschen seiner selbst entfremdet, um Gott so in uns gegenwärtig werden zu lassen.
- Jesus Christus ist täglich durch die Betrachtung der Heiligen Schrift oder durch die Mitfeier der Eucharistie in den Blick zu nehmen. Er ist das Urbild aller passionierten, christlichen Gelassenheit. Durch sein ganzes Leben ruft er: »Kommt alle zu mir, die ihr euch plagt und schwere Lasten zu tragen habt. Ich werde euch Ruhe verschaffen. Nehmt mein Joch auf euch und lernt von mir; denn ich bin gütig und von Herzen demütig; so werdet ihr Ruhe finden für eure Seele. Denn mein Joch drückt nicht und meine Last ist leicht« (Mt 11,28–30).
- Auf dem Weg zur christlichen Gelassenheit sind folgende Fragen zur Unterscheidung der Geister hilfreich: Was ist mein Motiv auf der Suche nach Gelassenheit? Souveräne Selbstgenügsamkeit? Sie ist nicht das Ziel christlicher Gelassenheit! Zunächst ist christliche Gelassenheit die Loslösung von dem Anspruch, uns unserer selbst zu bemächtigen und festzuhalten. Gelassen ist der, der frei ist, sich selbst zu lassen und sich zu überlassen. Christliche Gelassenheit lebt aus *Selbstfindung durch Selbsthingabe* an

Gott! Alles wird gegeben bis ins Äußerste, um alles neu zu empfangen. Christliche Gelassenheit berührt das Geheimnis des Todes, denn sie ist die Frucht einer radikalen »Selbstenteignung«. Gelassenheit ist an ihrem »utopischen Höhepunkt«, wenn sie kein »Warum« mehr kennt. Sie ist Bild einer Liebe »ohne Warum«, also einer absolut freien Liebe, somit Spiegel der Gottesliebe.

- Durch achtsame Selbsterkenntnis und durch die behutsame Konfrontation der Gedanken, Wünsche, Bedürfnisse, Gefühle, Charaktereigenschaften, des Temperamentes mit Gott und seinem Wort ist das eigene Innere nach und nach zu reinigen. Dies ist die »Hinreise« zur Gelassenheit. Ein möglicher Weg der »Hinreise« kann dieser sein: Sich in unnachgiebiger Geduld – aber nicht mit verkrampfendem Willen – im Wahrnehmen der eigenen Gefühle, Stimmungen und Bedürfnisse zu üben. Sie zu benennen und ihnen einen konkreten Namen zu geben. Sie als zu mir gehörend anzunehmen und die darin liegenden positiven Kräfte zu entdecken. Ein nachfolgender Schritt ist es zu entscheiden, was mit ihnen getan werden soll, entsprechend den eigenen Werten. Wenn es gelingt, sie hinzuordnen auf das eigene Lebenskonzept, auf das Wort Gottes und auf die Nachfolge Christi, dann erhalten die eigenen Handlungsimpulse Gestalt in der Verbundenheit mit Christus.[116]
- Besonnenheit und tägliches Üben schaffen die Voraussetzung zur Gelassenheit. Förderlich ist dazu die tägliche Zeit zur Selbstdistanz, zum Nachhören der Ereignisse. Die Aufgeregtheit, das schnelle Urteil, das schnelle Wort ist zu meiden. »Lebe und liebe die Stille« ist ein unverzichtbarer Imperativ zur Gelassenheit. Immer wieder ist dafür Sorge zu tragen, dass die großen Fragen (Endlichkeit und Ewigkeit, Gerechtigkeit und Frieden, Versöhnung und Frieden, das Woher und Wohin des Lebens) nicht verloren gehen, damit das Lebenswichtige nicht von den täglichen Dringlichkeiten überspielt wird. Damit der »Sinn für den Sinn« nicht abhandenkommt, braucht es tägliche geschützte Zeiten der Unterbrechung.
- Ohne konkretes »Lassen« – Entrümpeln, Entleeren, Korrigieren – von Anhänglichkeiten und klebenden Abhängigkeiten (von Konsum, Mediengebrauch, Arbeit, Beziehungen) gibt es kein Gelassensein. Dabei ist mit Entzugserscheinungen zu rechnen!

Das konkrete Lassen spiegelt mein Mich-an-Gott-Überlassen wider.
- Christliche Gelassenheit bleibt risikoreich und verwundbar im Auf und Ab des Lebens. Sie führt nicht in das Reich der Unberührbaren und zu verglasten Seelen. Sie ist mehr Weg als Ziel!
- Die christliche Gelassenheit hält bei allem »lassen«, »sich selbst loslassen«, »die Vorstellungen (Welt-, Gottesbilder) freigeben« und »sich in Gott, den je Größeren und Kleineren fallen zu lassen« an einem fest: »Von der Liebe ist nicht zu lassen!«

Die abendländische Kultur ist tendenziell eine extrovertierte »Macher«-Kultur. Sie sucht die Perfektion, Kontrolle und Berechenbarkeit bis in den letzten Winkel menschlicher Beziehungen. Ist uns die Gelassenheit vor allem deshalb abhandengekommen, weil wir uns und die Schöpfung mit der Perspektive unserer Absichten zu sehr verzwecken? Ist uns das Staunen, die empfängliche, kontemplative Haltung verloren gegangen? Sperren wir deshalb jede tiefere Begegnung mit der Wirklichkeit aus und können uns ihr nicht mehr überlassen?

Das Sich-Öffnen und Aushalten der Wirklichkeit in fester Zuversicht, dass sich in allem Gottes Liebe erweisen wird, beschreibt das Wesen des Glaubens am treffendsten. Paulus formuliert diese Überzeugung mit den Worten: »Wir wissen, dass Gott bei denen, die ihn lieben, alles zum Guten führt« (Röm 8,28). Noch mehr: »Was kann uns scheiden von der Liebe Christi? Bedrängnis oder Not oder Verfolgung, Hunger oder Kälte, Gefahr oder Schwert?« (Röm 8,35).

Viele verbinden mit »Glauben« lediglich, bestimmte Dinge für wahr oder falsch zu halten. Doch es geht um mehr: aus der Zuversicht des Glaubens sich dem Leben zu öffnen. Vergessen wir nicht: Das Evangelium ist primär ein Lebensstil. Es bietet Weisheit zum Leben an. Weisheit besteht nicht darin, dass man noch mehr Fakten und Informationen sammelt, als könnten diese irgendwann zur ultimativen Wahrheit zusammenwachsen. Die Weisheit des Evangeliums ist in erster Linie eine Art und Weise, jene zehntausend Dinge anders zu sehen und zu erkennen. Möglicherweise ist Weisheit einfach die Freiheit, präsent zu sein.

Menschen, die ganz in der Gegenwart Gottes sind, vermögen treffend und wahrhaftig zu sehen. Was hat es mit der kontemplativen Dimension der Wirklichkeit, der Präsenz Gottes, auf sich? Wie wird sie uns geschenkt? Wie können wir uns dem unverfügbaren Gott nähern? Oder anders gefragt: Wie wird die Welt schön?

7
Kontemplation – erfüllte Gegenwart

»Damals im Mai
Es war auch alles schön damals im Mai.
Die Forellen, die Forellen gab es nicht, aber ich hatte ein Buch dabei, und darin gab es Regenbogenforellen, jede Menge, verlorene Forellen.
Die Möwen waren schön grau und schrien vor Hunger, und ich wollte, sie sollen nie aufhören, so schön zu schreien.
Das Meer hatte schöne trübe Wellen. Die waren schmutzig, denn sie brachten Erde mit. Im Meer war die Erde schön, denn sie war aus Schlamm.
In der Ferne hielten die schönen vermoderten Kriegsschiffe Manöver ab, und ich hatte ein wenig Angst vor dem künstlichen Nebel, und das war schön.
Der Sand war voller toter Muscheln mit aufgebrochenen Schalen, und ihr schönes weißes Fleisch war voller Schmerz, der sich so schön betäubend mitteilte und in der Sonne lag.
Der Sand war voller weggeschwemmter Algen, die kalt nass blieben, wenn sie starben, und die sich mit einem schönen Schauer an die glatte weiße Fußsohle klebten, aber der Strand war schön wild und menschenleer.
Am Strand lagen noch dürre Äste. Sie hatten schöne bedrohliche Verknorrungen, und wenn der Wind wehte, er wehte immer, fielen sie in Zuckungen und glichen in ihrem Ersticken den Forellen aus meinem Buch, die im Buch nicht erstickten, aber starben, und das war schön.
Und die Fische im Meer, die sah ich nicht, weil sie nicht an den Strand kamen, aber sie waren schön.«[117]

Herta Müllers kleines Wortaquarell atmet eine eigene Stimmung: Sehen, hören und empfinden gehen ineinander. Mai und Schmerz,

Schlamm und Meer, Dürre und Licht, Ersticken und Sterben werden Orte des Schönen. Freude und Wunde sind keine abgrenzbaren Wirklichkeiten. Ein beschauend-kontemplativer Blick ruht auf allem. Was ist dieses Sehen, Hören und Empfinden, das selbst das Nichterkennbare schön werden lässt? Gaukelei? Fantasie? Illusion? Durchbruch?

Eine ganz ähnliche »Weltsicht« lässt den Schriftsteller Martin Walser seinen Hauptakteur Percy in seinem Roman »Muttersohn« gegen Ende aussprechen: »Unsere wichtigste Begabung: Wir finden etwas schön. Der Hass findet alles hässlich. Die Liebe findet alles schön.«[118] Wie und was wird hier gesehen? Was oder wer gibt sich hier zu sehen? Öffnet sich hier ein Blick für Gott in allen Dingen?

Kontemplative Sehschule

Wählen wir ein Beispiel: Jemand entzündet ein Holzfeuer. Unser Blickwinkel könnte von einer Frage bestimmt sein, wie: »Warum brennt das Feuer?« Und in den Antworten legt sich unser inneres Sehen fest. Eine erste mögliche Antwort wäre: »Das Feuer brennt, weil ich es mit dem Streichholz entzündet habe.« Eine weitere Antwort: »Es brennt, weil sich der im Holz befindliche Kohlenstoff mit Sauerstoff zu Kohlendioxid verbindet.« Eine dritte mögliche Antwort: »Es brennt, weil sich einige Menschen am Feuer zum Liedersingen treffen möchten.«

Welche Antwort ist die richtige? Schwachsinnige Frage! Schwachsinnig, wenn eine Antwort für sich allein die richtige sein will! Das wäre eindimensional. Das geschieht jedoch oft, wenn z. B. ein überzogenes naturwissenschaftliches Denken ein Monopol auf die Deutung der Wirklichkeit beansprucht: »Nichts anderes als die Gene, nichts als ein Feuerwerk von Gehirnsynapsen, als physikalische oder biochemische Abläufe.« Dann gibt es in dieser Welt nichts anderes als physikalische, biologische oder neurologische Reduzierungen. Dann brennt das Feuer z. B. »nur«, weil sich Kohlenstoff mit Sauerstoff verbindet. Irre, wie eindimensional man ein Feuer betrachten kann, aber der Irrsinn ist weit verbreitet!

Gibt es solche »Sichtfehler« ebenso auch in unserem lebensalltäglichen Wahrnehmen und Handeln? Sehen, hören, urteilen und handeln wir oft nur vordergründig? Verpassen wir vor lauter Geschäftigkeit, Mobilität und Flexibilität die anderen Dimensionen des Lebens? Schauen wir die Welt zu einseitig an? Schaut uns die Welt an?

Jesus scheint im Matthäusevangelium von einer Fehlsicht des Menschen auszugehen, wenn er sagt:

> »Deshalb rede ich zu ihnen in Gleichnissen, weil sie sehen und doch nicht sehen, weil sie hören und doch nicht hören und nichts verstehen. An ihnen erfüllt sich die Weissagung Jesajas:
> (...) *mit ihren Ohren hören sie nur schwer und ihre Augen halten sie geschlossen, damit sie mit ihren Augen nicht sehen und mit ihren Ohren nicht hören, damit sie mit ihrem Herzen nicht zur Einsicht kommen, damit sie sich nicht bekehren und ich sie nicht heile.*
> Ihr aber seid selig, denn eure Augen sehen und eure Ohren hören« (Mt 13,13–16).

Was kann hier gemeint sein? Der amerikanische Franziskaner Richard Rohr legt in seinem kleinen Buch »Pure Präsenz. Sehen lernen wie die Mystiker«[119] folgende Spur: Drei Männer stehen am Ozean und betrachten denselben Sonnenuntergang. Der eine sieht die immense physische Schönheit und erfreut sich an dem Ereignis selbst. Dieser Mann repräsentiert den »sinnlichen« Typus, der sich – wie 80 Prozent der Menschheit – mit dem befasst, was man sehen, anfassen, berühren, bewegen und festhalten kann. Diese Wirklichkeit ist ihm genug, denn er hat wenig Interesse an größeren Ideen, Eingebungen oder dem Gesamtzusammenhang der Dinge. Er sieht mit dem Ersten Auge,[120] wie es die christliche Tradition mit Hugo (1078–1141) und Richard (1123–1173) von St. Viktor (Paris) nennen würde. Sie nannten das Erste Auge das »Auge des Fleisches« (*Gedanke oder Sicht*).

Der Zweite sieht denselben Sonnenuntergang. Er freut sich möglicherweise über all die Schönheit – so wie der erste Mann. Wie alle Liebhaber von analytischem Denken, Technik und Wissenschaft freut er sich darüber hinaus über die eigene Fähigkeit, das Universum zu analysieren und dessen Funktionsweise zu verstehen. Er denkt über die zyklischen Rotationen von Planeten und Sternen nach. Aufgrund seiner Vorstellungsgabe, seiner Intuition und seiner

Vernunft sieht er gleichsam mit dem Zweiten Auge. Hugo und Richard nennen es das »Auge der Vernunft« (*Meditation oder Reflexion*).

Der dritte Mann sieht den Sonnenuntergang, weiß möglicherweise alles, was der erste und der zweite wissen, und freut sich daran wie sie. Aber aufgrund seiner Fähigkeit, vom Sehen über das Erklären zum »Schmecken« voranzuschreiten, verweilt er darüber hinaus staunend vor einem grundlegenden Geheimnis, einem Zusammenhang und einer Weite *in* diesem Sonnenuntergang. Er benutzt sein Drittes Auge. Hugo und Richard von St. Viktor bezeichnen dieses Dritte Auge als das »Auge des wahren Verstehens« (*Kontemplation*).

Sehen mit dem Dritten Auge ist die Sichtweise der Kontemplation. Der kontemplative Mensch lehnt das Erste Auge nicht ab. Die sinnliche Wahrnehmung bedeutet ihm etwas. Aber er weiß, es gibt mehr. Er lehnt auch das Zweite Auge nicht ab. Aber er verwechselt Wissen nicht mit Tiefe und bloße korrekte Information nicht mit der eigenen Lebensmeisterung und Lebensverwandlung. Der kontemplative Blick baut auf das Erste und Zweite Auge auf – *aber er reicht weiter*. Er ereignet sich immer dann, wenn aufgrund eines wundersamen »Zufalls« – eines Geschenkes – der Raum unseres Herzens, der Raum unseres Verstandes sowie unserer Körperwahrnehmung gleichzeitig geöffnet sind. Es ist ein Eintreten in die Gegenwart oder *Präsenz*. Das Besondere an dieser Präsenz scheint die Erfahrung eines Momentes tieferer innerer Verbundenheit zu sein. Dieser Moment zieht uns als zutiefst Erfüllte unweigerlich in das nackte und ungeschützte Hier und Jetzt hinein. Das kann mit profunder Freude und profunder Traurigkeit verbunden sein. An diesem Punkt möchte man entweder dichten, beten, einfach schauen oder nur völlig still sein.

Der große amerikanische katholische Theologe des letzten Jahrhunderts, Bernhard Lonergan SJ, spricht in diesem Zusammenhang von einer *intellektuellen Bekehrung*.[121] Sie besteht darin, die Welt der nur sinnlichen Wahrnehmung zu verlassen und – eine Zeit lang benommen und desorientiert – in einem Universum des Seins anzukommen.

In der westlichen Welt wird diese höhere Art des Sehens in den letzten Jahrhunderten nur spärlich praktisch und systematisch vermittelt.[122] Der westliche Blick ist vom Zugriff, von der Kontrolle, der Konstruktion oder Dekonstruktion geprägt. Auch für viele Christen scheint der christliche Glaube lediglich zu lehren, was sie wissen (bzw. glauben) sollen. Er sagt den Menschen allzu oft lediglich, *was* sie sehen sollen, anstatt *wie* sie sehen und hören sollen. Das hat dazu geführt, dass wir nur noch wenig Gespür und Sensibilität für das »Andere Gottes« und nur eine schwache Ahnung vom Heiligen haben. Wir versuchen, »mit beschränktem Horizont Großes zu verstehen und Gott mit unserem kleinen, zersplitterten Herzen zu lieben. Es ist, als betrachte man die Galaxis mit einem Brillenfernglas aus dem Supermarkt.«[123]

Kontemplation steht für ein umfassendes Sehen, einen weiten Horizont:

> »Es bedeutet, ungeschützt vor dem jeweiligen Augenblick, einem Ereignis oder einer Person zu verweilen – ohne zu spalten und zu versuchen, die Dinge zu beherrschen und zu kontrollieren.«[124]

Ist das nicht *auch* beängstigend? Ist das nicht schwindelerregend, ohne Kontrolle und Abwehr zu sehen? Lässt das nicht gerade den Blick abwenden?

Dem gegenläufig wird die Fähigkeit, »im Jetzt« zu leben, in gegenwärtigen Lebensratgebern hoch gepriesen. »Lebe im Augenblick!« So heißt es nicht nur auf Postkarten.[125] Mehr in der Gegenwart als in der Vergangenheit oder der fernen Zukunft zu leben, wird als Rettung vor dem Unüberschaubaren von gestern und übermorgen propagiert. Doch möglicherweise geht es dabei nur um eine andere Form der Kontrollier- und Beherrschbarkeit statt um den irritierenden und ungeschützten Gegen-Blick der Präsenz. Eine Unzahl an Übungsformen soll zum bewussten, aufmerksamen und achtsamen Leben verhelfen. Yoga, rechtes Sitzen, Tai-Chi und vieles andere – nötig sind leibliche Sammlungsformen mehr denn je, doch darf man die Methode nicht mit dem verwechseln, was an und mit uns geschehen will. Im Bild gesprochen: Die Gartengeräte sind nicht der Garten! Wieder stellt sich die bereits bekannte Frage: Kann ich das Unverfügbare einüben? Das ist eine herausfordernde Frage für jede religiöse Praxis. Diesem Dilemma ist nicht zu entkommen, es verstärkt sich aber unter einem nicht zu unterschätzenden (»westlichen«) kulturellen Problem: das Unkontrollierbare, das, was sich schenkt, noch gerne »vernutzen« zu wollen.

Hindernisse

Der Irrtum gegenüber dem geistlichen Weg als Weg der Liebe

Es gibt ein neu erwachtes psychologisch-spirituelles Interesse an Spiritualität im Allgemeinen und an der kontemplativen Praxis insbesondere. Oft geht es mit einer mangelnden Klarheit im Gebrauch der Begriffe »Meditation«, »Gebet«, »Mystik«, »Kontemplation« einher. So ist zu hören: »Meditation hilft mir, mich auf meine Arbeit zu konzentrieren.« »Der Glaube an Christus gibt mir inneren Frieden.« »Mein Glaube an eine höhere Macht hat mir die Heilung von meiner Sucht ermöglicht.« »Wenn ich nach meinem wahren Selbst suche, werde ich dabei ganzheitlicher und gesünder.«

In der Monatszeitschrift »Psychologie Heute« werden folgende Wirkungen der »Meditation« zusammengefasst:

> »*Entspannung:* Ruheempfinden, ruhige Atmung, Wohlbefinden und wachsende Geduld. *Konzentration:* Achtsamkeit, kein Anhaften an Gedanken, innere Mitte, Energiefeld, Leichtigkeit, Einsichten, Gleichmut, Frieden. *Essenzielle Qualitäten:* Klarheit, Wachheit, Liebe, Hingabe, Verbundenheit, Demut, Gnade, Dankbarkeit, Selbstakzeptanz. *Nichtdualität:* Gedankenstille, Einssein, Leerheit, Grenzenlosigkeit, Transzendenz von Subjekt und Objekt.«[126]

Solche Aussagen sind wohl wahr, aber im Bezug auf die Kontemplation, d. h. die Liebe, die ihr Sehen sucht, verfehlen sie den springenden Punkt. Liebe kann kein Mittel zu irgendeinem Zweck sein. Liebe verheißt nicht Erfolg, Macht, Leistung, Gesundheit, Heilung, Befriedigung, inneren Frieden, Erfüllung oder eine andere Belohnung. Liebe ist sich selbst Zweck genug und hat ihren Ausgangspunkt in sich selbst. Liebe existiert nur um der Liebe willen.

Die Einladung der Liebe ist kein Angebot zur Verbesserung des Selbst oder irgendeine andere Art von Leistung. »Liebe liegt jenseits von Erfolg und Scheitern (…) Es gibt nicht einmal einen richtigen und einen falschen Weg. Liebe ist ein Geschenk. Niemand kann stolz auf die Liebe sein – nur dankbar.«[127]

Natürlich hat die kontemplative Lebenshaltung positive Auswirkungen auf unser tägliches Handlungsvermögen. Der amerikanische Psychologe Gerald May, der über viele Jahre die körperlichen Auswirkungen kontemplativer Übungen untersucht hat, hebt drei besonders hervor:

> »Die erste: Menschen, die über Jahre hinweg diese Form der Disziplin geübt haben, berichten von einer *Erweiterung ihres Wahrnehmungsvermögens*. Sie nehmen nicht mehr nur dieses oder jenes Einzelphänomen wahr, sondern sie haben eine panoramaartige umfassende Wahrnehmung.«[128]

KünstlerInnen und AthletInnen geben vergleichbare Beschreibungen von Momenten der Höchstleistung. So sagt ein Footballspieler:

> »Wenn ich den Ball auf mich zukommen sehe, dann öffnet sich alles. Ich nehme nicht nur den Ball wahr, sondern alles, die anderen Männer auf dem Feld, den Wind, den Lärm der Menge. Ich kann sogar meinen Herzschlag fühlen und die Form der Wolken am Himmel.«[129]

Viele von uns würden von so vielen gleichzeitig auf uns einstürmenden Informationen erschlagen werden. Doch ein zweiter Effekt der kontemplativen Übung ist »eine natürliche fließende Reaktionsfähigkeit, die mit der unmittelbaren Situation spontan und präzise umgeht.«[130] May berichtet von einer Krankenschwester auf einer Notfallstation, die Reaktionen nach einem größeren Erdbeben wie folgt beschrieb:

> »Es gab eine Menge Verletzte. Menschen schrien, Sirenen heulten. Ich hatte Angst um meine Familie. Trotzdem habe ich irgendwie reagiert. Etwas in mir wusste, wohin ich gehen und was ich tun musste. Ich habe alles Notwendige getan. Ich war

nicht benommen. Ich kann mich lebhaft an jeden Anblick, jedes Geräusch und jeden Geruch erinnern.«[131]

Durch die Einübung in die kontemplative Erfahrung wird eine unmittelbare und genaue Reaktionsfähigkeit immer natürlicher.

Als dritte Folge der kontemplativen Übung hebt Gerald May *ein Wissen um sich selbst* hervor. Unmittelbar anwesende Wahrnehmung heißt nicht nur zu merken, was außen vorgeht, sondern auch, was in uns selbst abläuft. Das ist nicht immer ein erfreulicher Vorgang, weil wir dabei mit schmerzlichen und wenig schmeichelnden Aspekten unserer selbst konfrontiert werden. Aber mit der Zeit kommen wir so zu einer viel realistischeren Einschätzung unserer Stärken und Schwächen. PsychoanalytikerInnen würden sagen, es wird weniger verdrängt. Viele unbewusste Anteile werden bewusst.

Ein Mensch, der eine erweiterte Wahrnehmungsfähigkeit, verbesserte Reaktionsfähigkeit und eine größere Kenntnis der eigenen Person in sich vereint, ist ein Mensch von beträchtlicher Effizienz. Doch May fragt weiter:

> »Darin liegt Macht. Ist dort aber Liebe? Die Ninjas des feudalen Japan machten kontemplative Übungen, um genau diese Fähigkeiten zu erlangen. Sie benutzten sie, um die effizientesten Mörder zu werden, die die Welt je gesehen hat. Es gibt nichts irgendeiner spirituellen Übung Eigenes, das garantieren kann, dass sie nicht für negative Zwecke missbraucht wird. Wir können Spiritualität für Ziele nutzen, die mit Liebe nichts zu tun haben«[132]

Der selbstsüchtige Gebrauch von Religion, Spiritualität oder inzwischen Psychospiritualität ist nichts Neues. Oft sind wir trotz unserer besten Absichten im geistlich-spirituellen Bereich selbstsüchtig. Unser Innerstes ist auf dem richtigen Weg, wir suchen Verbundenheit, Liebe, Heilung und Ganzheit. Und doch täuschen wir uns selbst und werden unbewusst stolz und manipulativ. Hier ist mehr als unser Vermögen nötig. Die Kraft der Gnade ist lebenswichtig, um uns von solchem Irrtum und Selbstverrat zu lösen. Wir können das nicht allein, weil wir unsere eigene Wahrnehmung verzerren.

Niemand kann um sich selbst herumgehen und alle Aspekte seines Handelns und seiner Motive sehen. Wir können uns jedoch nach der Gnade ausstrecken und die offene Begegnung mit anderen Menschen, die ein gutes Urteil haben, suchen. Wir können uns für die Gnade öffnen, wenn wir unsere Absichten heiligen, indem wir sie Gott anvertrauen und übergeben. In diesem Prozess müssen wir immer wieder ehrlich zugeben, dass wir machtlos sind und die Dinge nicht kontrollieren können, und bewusst nach der Gnade der größeren Macht Gottes suchen.[133]

Suchen wir die Liebe in erster Linie um ihrer Wirkungen willen, um unsere Effizienz zu verbessern, Süchte zu überwinden, Probleme zu lösen oder von Depressionen und Angst frei zu werden? Das Beste, was wir für das spirituelle Wachstum tun können, ist, zu versuchen ehrlich zu sein. Es ist natürlich nicht verkehrt, Gott als unseren Retter zu sehen. Nur, er ist viel mehr als das. Das Verlangen nach Heilung oder die Verzweiflung an unserer Situation kann ein echter Anfang spirituellen Lebens sein. Wächst jedoch unsere Liebe, so wird die Quelle der Liebe wichtiger als die Segnungen dieser Liebe. Damit eine selbstlose Liebe in uns wachsen kann, müssen wir uns behutsam im Gebet, im Angesicht Gottes, einige Fragen stellen. Ist Gott mehr als ein Retter und Erlöser? Antworten wir auf eine tiefere Sehnsucht – die Sehnsucht nach Liebe, unabhängig von unseren Gefühlen und unserer Nützlichkeit? Wir sollten uns hier nicht aus einer prüfenden Richtermentalität beobachten. Es ist wenig hilfreich. Aber wir brauchen größtmögliche Klarheit über unsere Ziele. Heilung verlangt alle Ehrlichkeit, die wir aufbieten können. Sie ist das Fundament der Heilung, die Gabe des Blickes Gottes auf unsere Welt.

Um einen ehrlichen Blick auf die eigenen Motive werfen zu können, lassen sich ein paar Fragen nach der Effizienz meiner Handlungen stellen:
- Warum mache ich das alles?
- Was bringt mir das?
- Was hoffe ich damit zu erreichen?

Wie alle Fragen aus dem Bereich der Effizienz bewegen sich auch diese ohne Umschweife in Richtung Ziel und Zweck. Es sind keine

schlechten Fragen! Sie helfen, sich mit der Welt, in der wir leben, auseinanderzusetzen. Hier redlich und ehrlich zu sein ohne falsches Rechtfertigen, offenbart viele unserer Motive. Es lohnt sich dann jedoch, weiter zu fragen und zu ergänzen:
- Was zieht mich an?
- Wer ruft mich?
- Was ist meine tiefste Sehnsucht?
- Wer oder was spornt meine Seele an und lässt mich lebendig sein?
- Was beansprucht mich über mein Wollen hinaus?

Hinter diesen Fragen steckt die Frage der Liebe! Sie zu beantworten weckt eine andere Dynamik. »Wo die Liebe ist, da ist ein Auge« – »ubi amor, ibi oculus.«[134] Diese Fragen öffnen den kontemplativen Blick: »Kontemplation ist nämlich nicht einfach eine Aktform des Erkennens neben anderen. Ihr Eigentümliches liegt nicht allein in der Besonderheit des Erkenntnisvorgangs selbst. Was die Kontemplation auszeichnet und unterscheidet, ist vielmehr, dass sie ein von der Liebe her entfachtes Erkennen ist. ›Ohne die Liebe gäbe es die Kontemplation nicht.‹ Kontemplation ist liebendes Gewahrwerden. Sie ist das Anschauen des Geliebten.«[135]

Neben der Vergewisserung über unsere wahren spirituellen Motive begegnet uns eine große Herausforderung in unseren gewählten und auferlegten Rollen und nicht hinterfragten Selbstbildern. Sie verhindern den Wechsel von dem Blick auf die Zwecke und Ziele ins kontemplative Sehen.

Rollenpanzer – Rollenzwänge – falsche Selbstbilder

Jeden Tag legen wir uns eine Art seelischen Panzer an. Das kann mehr oder weniger bewusst geschehen. Wir möchten nicht ungeschützt in den Tag gehen. Je mehr wir mit Krisen, Konflikten, aber auch Überlastungen konfrontiert sind, umso mehr errichten wir Gefühlsbarrieren gegen den kommenden Stress. Ärzte, Lehrer, Ordnungskräfte, Seelsorger und Seelsorgerinnen haben solche, manchmal durchaus nötige Schranken aufgerichtet. Über eine längere Zeit wird er zu einer Gewohnheit. Der Panzer wird dick, man fühlt sich ständig verantwortlich, und das Bedürfnis, die Dinge in der Hand zu haben, ist groß.

Es scheint meiner Erfahrung nach oft der Fall zu sein, dass solche Panzer erst dann aufbrechen, wenn wir Menschen erlauben, sich um uns zu kümmern. Möglicherweise ist das erst in einer bedrohlichen Krise möglich. Viele sind in ihrer Rolle als Helfende, Pflegende, Begleitende so gefangen, dass sie fast nicht auf die Idee kommen, jemand könnte sich auch um sie kümmern.[136]

Gerald May macht vier Vorschläge für all jene, die das ständige Gefühl haben, dass sie in einer Situation stecken, die sie daran hindert, eine kontemplative Haltung einzuüben und »gegenwärtig« zu sein.

> *»Erstens: Überprüfen Sie Ihre Aufnahmebereitschaft.* Es gibt Menschen, die Sie gerne bestärken und beschenken würden, wenn Sie nur fragen würden oder auch nur offen wären, etwas anzunehmen. Vielleicht wartet auch Gott mit einem Geschenk. Ich muss immer an das alte Wort des heiligen Augustinus denken, der sagte, dass Gott uns immer Gutes schenken will, aber wir nie die Hände frei haben.
>
> *Zweitens: Wenn Sie sich wie ein Versager fühlen*, weil Ihnen das Gegenwärtigsein nicht gelingt, hören Sie auf, es zu *machen*. Denken Sie nicht nur daran, dass es ein Geschenk ist, *leben* Sie diesen Gedanken. (…)
>
> *Drittens: Betrachten Sie Ihre Panzerung.* Sie hat eine andere Farbe und eine andere Form als meine, aber ich wette, Sie haben eine. Die Frage ist, brauchen Sie sie so wie ich? Können Sie bei dem, was Ihnen jeden Tag widerfährt, ein bisschen weniger Schutz und ein bisschen mehr Verwundbarkeit riskieren? Ich schlage hier nicht vor, Sie sollten oder könnten in jede Situation absolut schutzlos hineingehen. Aber Sie sollten nicht auch noch etwas hinzufügen. Prüfen Sie, was Sie in Leben und Arbeit bedroht. Was davon ist echt und was eingebildet? Wie viel Bedrohung zielt auf Sie selbst und wie viel auf Ihr Selbstbild? Was kann im schlimmsten Fall passieren? Es ist nicht leicht, aber vielleicht können Sie ein wenig mehr Mut und Würde aufbringen und ein wenig mehr Vertrauen in Gott und Ihre eigene wesenhafte Gütigkeit haben? Manchmal hilft es Ihnen

zur vollmächtigen Ganzheit, dem, was Sie bedroht, geradeaus ins Gesicht zu sehen.

Der vierte Vorschlag ist vielleicht der schwierigste. *Wenn Sie in einer Lebenssituation oder an einer Arbeitsstelle festsitzen,* die Ihrer Gegenwart in der Liebe wirklich im Weg steht, müssen Sie sich fragen, ob Sie dort wirklich so festgenagelt sind, wie Sie denken. Es mag vielleicht keine andere Möglichkeit geben, aber meistens gibt es sie doch, sie gefallen Ihnen nur nicht. Seien Sie ganz ehrlich, warum bleiben Sie an einem Platz, an dem Sie sich nicht für die Liebe öffnen können? (…) Vielleicht meinen Sie, niemanden im Stich lassen zu dürfen, oder Sie wollen niemand sein, der oder die die Sachen hinschmeißt, oder Sie ziehen es wie Hamlet vor, die Sorgen zu tragen, die Sie haben, statt sich auf unbekannte neue Sorgen einzulassen. Stellen Sie sich ehrlich Ihren Gründen.

Wenn Sie erkennen, dass Sie eine Situation verlassen können, die es Ihnen unmöglich macht zu lieben, müssen Sie im Gebet in einen beruflichen Entscheidungsprozess eintreten. Vielleicht lädt Gott Sie ein, es auszuhalten und einen Weg hindurch zu finden. Vielleicht gibt es auch eine Möglichkeit, für die Liebe offen zu werden, die Sie bis jetzt einfach nicht entdeckt haben. Vielleicht braucht es auch eine Art Umsturz in der Situation. Sie können unter Umständen Strukturen ändern und dazu beitragen, eine Atmosphäre aufzubauen, in der die Liebe mehr Raum hat. Es könnte sogar möglich sein, dass Gott Sie einlädt, das alles zu erdulden und es im Gebet in einen Akt der Fürsprache zu verwandeln für andere Menschen, die in irgendeiner Falle sitzen.

Vielleicht ist es aber auch wirklich Zeit, zu gehen. Manche Einrichtungen müssen von innen heraus verrotten, und Ihr Gehen kann deren seliges Ende nur beschleunigen (…) wir haben in solchen Dingen nie eine hundertprozentige Sicherheit; aber wenn wir genügend beten, den Rat anderer Menschen einholen und aufrichtig darüber nachdenken, haben wir eine Grundlage, auf der wir entscheiden können. Aber vorher müssen wir die Courage haben, uns der Situation ehrlich und unmittelbar zu stellen. Wir denken oft, wir brauchen Mut, um zu tun, was getan werden muss; aber ich denke, der wirkliche Mut entsteht, wenn wir am Anfang im aufrichtigen Gebet eine kritische Entscheidung treffen.

Unser erstes Gebet wird wohl dem Mut gelten. Aber Mut, der aus der Gnade kommt, hat nicht mit dem Gefühl im Bauch zu tun, an das wir meistens denken. Es geht nicht darum, sich zu stählen, die Muskeln zu spannen, die Lenden zu gürten oder sich in anderer Weise zu rüsten. Wir bauen keine unabhängige Kraft auf, sondern wir flüchten uns in die Kraft der Liebe. Das bedeutet, wie bei jeder Hoffnung auf die Gnade, wir öffnen uns einem Geschenk. Das Gebet der Hildegard von Bingen ist ein Echo auf die Psalmen: ›*Die höchste Sehnsucht zieht mich zu Dir, lädt mich ein, in Deinen Schutz zu kommen, in den Schatten Deiner Macht.*‹«[137]

Als gewiss nicht immer einfach anzuwendender Satz zur Unterscheidung der Geister in der eigenen Lebensbewegung gilt: »Die Liebe mag geduldig und vergebend sein und fähig, alles zu ertragen, aber sie erstickt das Leben nicht.«[138] Um ihn sinnvoll anzuwenden, ist mehr als Verstand vonnöten. Wir brauchen »rechtes Empfinden«. Weit über die Aufklärung der Motive und des Rollenpanzers geht es um eine grundlegende Öffnung.

Der Weg

Sich öffnen
Um zu einem kontemplativen Lebensstil zu finden, ist es zunächst wichtig, sich öffnen zu können. Weil wir in einer verspannten und bisweilen verkrampften Aktionsgesellschaft leben, sind Körperübungen und Leibsensibilisierungen hilfreiche Wege. Die »Wege« (Methoden) sollten wir jedoch nicht mit den Ereignissen auf dem Weg verwechseln. Alle Praktiken – auch die leiblichen – zielen auf die Wendung und Verwandlung der Aufmerksamkeit und des Bewusstwerdens, die nicht zur Verfügung stehen, sondern sich ereignen. Tiefe Wandlungen geschehen nie »nur« aus uns heraus, sondern sind Früchte einer Begegnung.

Wirklich hören und sehen, empfinden und nachspüren zu lernen, öffnet jedoch für tiefere Begegnungen. Drei Stimmen sind es, die in der Regel unsere tiefere Wahrnehmung, unsere Präsenz, blockieren und verhindern. Sie manifestieren sich häufig bis in unseren Körper hinein:
- die Stimme des Urteils bzw. Vorurteils
- die Stimme des Zynismus
- die Stimme der Angst

Wir urteilen und beurteilen ständig. Wir sind »Urteilsmaschinen«. Die permanente Stimme des (Vor-)Urteils verhindert allzu oft eine Offenheit des Denkens. Wir sind verstrickt in Gedankenkonzepte, Vermutungen und Einschätzungen. Nur durch Unterbrechung, Innehalten und immer erneuertes Hinsehen, Hinsehen und Hinsehen bzw. Hinhören, Hinhören und Hinhören, auch durch unsere körperlichen Reaktionen hindurch, wie z. B. Zu- oder Abgewandtheit, Gesichtsverhärtungen, Rückenanspannung usw., ist eine allmähliche Klärung und Öffnung des Denkens möglich. Interesse mag helfen, Neugier im guten Sinn und Sympathie, also einfühlendes Verstehen-Wollen. Unser Denken öffnet sich vor allem durch Vertrauen, d. h. hören, dass jenseits von mir Gutes werden will, dass das Leben mir nicht feind, sondern zugewandt ist. Wir nennen das Glauben. Es ist ein Trauen auf die Verheißungen des Lebens, über die bisherigen Erfahrungen hinaus. Das Denken wird »gereinigt«, d. h. geöffnet durch den Glauben.

Die zweite Stimme, die Präsenz verhindert, ist die Stimme des Zynismus. Verletzungen und Kränkungen, die mit zunehmender Lebensgeschichte verstärkt unser Leben überschatten, verschließen unser Herz. Wer immer wieder in dem verletzt worden ist, was ihm am Herzen liegt, und dazu in sich selbst und bei den anderen spürt, wie weit Ideal und Realität auseinanderliegen, der kann der Gefahr erliegen, die Welt scharf, doch ohne Hoffnung zu sehen. Es meldet sich die Stimme des Zynismus. Wir wagen es nicht mehr, unseren Idealen und Werten zu folgen. Auch hier stehen körperliche Reaktionen oft in Resonanz mit dieser Stimme: wie »Verbissenheit«, Mattheit, ein Gefühl von Körperkälte. Der Zynismus bewirkt eine Abwertung der »idealen Gesinnung« aus erlittener Enttäuschung. Diese Abwertung bewirkt, dass wir uns emotional von der Gegenwart distanzieren. Wir können und wollen uns nicht auf das Jetzt einlassen, zu oft schon wurde das verletzt, was uns »heilig« ist! Hier ist ein beständiges *Hinspüren* und *Umwenden*, d. h. Neuausrichten auf das, was einem heilig ist, notwendig. Dies geschieht nur aus der Kraft der Hoffnung, dass mehr Zukunft ist als Vergangenheit, sodass alles Unversöhnte in Bewegung kommt. Nur so kann sich das Herz, kann sich unser Fühlen wieder öffnen. Das Gedächtnis muss sich »reinigen« lassen durch die Hoffnung. Die Hoffnung öffnet die Welt meiner Gefühle und meines Gemütes.

Die Stimme der Angst versperrt unseren Willen. Versäumnisängste, Existenzängste und Versagensängste melden sich beständig. Die Angst wird zum »Ratgeber«. Die Ängste übernehmen dann nicht die Führung, wenn ich mich beständig darin übe, meine Sorgen und Befürchtungen loszulassen. Dies verlangt sowohl Kontakt mit den eigenen Ängsten als auch das Wahrnehmen eines tragenden Grundes jenseits der Angst. Der Wille findet sein Angst überschreitendes Ziel in der Liebe und im vertrauensvollen Verinnerlichen, dass die Liebe alle Furcht überwindet, denn »Furcht gibt es in der Liebe nicht, sondern die vollkommene Liebe vertreibt die Furcht« (1 Joh 4,18; vgl. 2 Timotheus 1,7). Nur die Liebe kann uns von allen Ängsten und Fixierungen des Willens reinigen und für eine andere Sicht öffnen, denn die geerdete Liebe macht nicht blind, sondern sehend. Sie ist, wie bereits ausgeführt, die, die kontemplative Sicht schenkt.

Präsenz einzuüben ist an erster Stelle »Kontaktarbeit« mit sich selbst und mit der umgebenden Wirklichkeit. Sie ist eine Wahrnehmungsschule. Jede Präsenz, jedes wirkliche Ankommen in der Wirklichkeit setzt diese dreifache Öffnung voraus: die Öffnung des Denkens, des Gedächtnisses und des Willens! Sie findet in der eigenen Leiblichkeit deutliche Resonanz. Glaube, Hoffnung und Liebe sind die Kräfte echter Gegenwart. Wer glaubt, flieht nicht. Er kann innehalten und hinsehen. Wer hofft, kann in seine Verletzungsgeschichte hinspüren und sie umwenden. Wer seinen Willen immer wieder auf selbstlose Liebe ausrichtet, kann die Stimmen der Angst allmählich loslassen. Ohne Kontakt mit dem eigenen tragenden Grund gibt es auf Dauer keine Präsenz. Ohne Praktiken der Stille und Sammlung ist bei den komplexen Belastungen unserer Zeit dieser Kontakt nicht möglich.

Schon jeder größere kreative Akt setzt diese Haltungen voraus.[139] Thomas Merton, Trappist, geistlicher Lehrer und Schriftsteller, bemerkte in den 1950er-Jahren treffend: »Der Dichter geht in sich selbst, um schöpferisch zu werden. Der Kontemplative geht in Gott, um geschaffen zu werden.«[140]

Die Tiefenöffnung ist nicht eine vordergründige Erfüllung, sondern ein Eintreten in eine durchaus verunsichernde Leere.

Eintreten in die Leere
Es gibt einen weithin akzeptierten Mythos der Erfüllung. »Wenn du eine gute ›life-balance‹ besitzt, gut angepasst bist, eben eine ordentliche Lebensführung hast, wirst du dich erfüllt, zufrieden und gelassen fühlen.« Die Kehrseite dieses Mythos lautet: »Fühlst du dich nicht befriedigt und erfüllt, dann stimmt etwas nicht mit dir.«

Dieser Mythos wirkt sich auf dreifache Weise auf unser Leben aus: Wir versuchen vielleicht, uns, unsere Lebenssituation und unsere Beziehungen zu »reparieren«, weil wir das Gefühl nicht loswerden, dass damit etwas nicht in Ordnung ist. Oder wir unterdrücken unsere Unrast und wollen uns und anderen vortäuschen, wir hätten einen perfekten Zustand erreicht. Klappt beides nicht, dann versuchen wir, sämtliche Gefühle zu ersticken, indem wir uns in Arbeit, Essen, Unterhaltung, Drogen oder sonst irgendetwas verlieren.

Ironischerweise verwandeln sich diese drei (Irr-)Wege selbst leicht in Süchte: die Sucht nach Selbstverbesserung, nach perfekter Anpassung oder nach den verschiedenen Fluchtmitteln.

Der Mythos ist buchstäblich in jeden einzelnen Aspekt unserer Gesellschaft eingedrungen. Viele religiöse Richtungen versprechen, dass sich innerer Friede einstellt, wenn wir nur das Richtige glauben. Wenn wir nicht rundum zufrieden sind, liegt es daran, dass unser Verhältnis zu Gott irgendwie nicht in Ordnung ist. Vielleicht sind wir sündig oder unser Glaube ist zu schwach oder wir haben die eine richtige Botschaft noch nicht gehört. Zahllose Menschen glauben an diesen religiösen Mythos, der schon durch eine oberflächliche Lektüre der Lebensgeschichte großer Heiliger widerlegt werden kann: Viele litten unter Qualen und Zweifeln und trugen schwere Kämpfe mit sich selbst und der Welt aus. Es gehört zum spirituellen Wachstum, dass, je tiefer jemand in die Liebe zu Gott und den Menschen hineinwächst, er umso offener wird nicht nur für die Schönheit und die Freude im Leben, sondern auch für die Schmerzen, Zerbrochenheit und Leere.

Alles, was sich wie Leerraum anfühlt, sind wir bemüht auszufüllen. Wir sind süchtig nach Erfüllung, nach Auslöschung aller Leere. Oder wir fürchten das, was uns in der Leere enthüllt wird. Wir ziehen den einschläfernden Frieden der Langeweile dem befreienden Unbehagen vor der Wahrheit vor. Unsere Sucht nach Erfüllung und unsere Flucht vor der Wahrheit bilden zusammen eine schwere, verzweifelte Schranke gegen jedes spirituelle Wachstum und damit gegen die Teilnahme an der Liebe.

Diese Sucht nach Erfüllung lässt uns nur selten

> »die besten Teile der menschlichen Seele kennenlernen: unsere Leere, unsere Unvollständigkeit und unsere radikale Sehnsucht nach Liebe. Wir sind gar nicht auf vollständige Erfüllung angelegt: Wir sind dafür gedacht, einen Geschmack von ihr zu bekommen, uns nach ihr zu sehnen und auf sie hin zu wachsen. So treten wir ein in den Kreislauf der Liebe, die zum Leben wird und wieder zur Liebe. Wenn wir unsere Leere nicht finden, finden wir auch unsere Hoffnung nicht.«[141]

Wer sich der Leere stellt und nicht entzieht, wird in diesem Moment kontemplativ, denn er oder sie sieht die Wahrheit, so wie sie ist. Kontemplation ist der Blick der Liebe, die von der Hoffnung für uns selbst und die Welt getragen ist. Die Begegnung mit der Leere fällt uns schwer, aber wir können sie üben. Drei Arten, den »Leerraum« zu berühren, bieten sich an:

- Kurze Augenblicke mitten in Arbeit, Freizeit und Spiel: Wenn Sie sehr aktiv gewesen sind und sich hinsetzen, um auszuruhen, dann verfallen Sie nicht sofort in einen Zustand der Lethargie. Strecken und lockern Sie sich, um in die Gegenwart Gottes zu kommen. Wenn Sie Ihr Auto geparkt und den Motor abgestellt haben, nehmen Sie sich einen Moment, um sich umzusehen und zu hören, bevor Sie herausspringen und Ihren Geschäften nachgehen. Wenn Sie baden oder duschen, lauschen Sie eine Weile, nachdem Sie das Wasser abgedreht haben.[142]
- Regelmäßig ausgesparte Zeiten am Tag
- In regelmäßigen Abständen Zeiten echter Zurückgezogenheit

Kontemplation *als zu erlernende Haltung* ist Einübung darin, die Räume des Verstandes, des Gedächtnisses, des Herzens und des Willens lange genug offenzuhalten, damit Verstand, Herz und Wille Neues, bisher Verborgenes sehen können. »Kontemplation gibt sich mit dem nackten Nun zufrieden und wartet auf Zukünftiges, wie Gott und Gnade es schenken.«[143] Weil der kontemplative Weg die innere Konfrontation mit der eigenen Lebensrealität jedoch oft bis zum psychischen Zerspringen erzwingt, nötigt er, nach der Wahrheit über sich und die umgebende Welt hinaus Ausschau zu halten. Kontemplation gibt es nicht ohne Transformation, ohne Wandlung.

Die Wandlung

Bisher lässt sich der Wandlungsweg so zusammenfassen:
- Spiritualität lässt sich für Ziele nutzen, die mit Liebe nichts zu tun haben – ich bin herausgefordert, meine Motive zu reinigen und zu wandeln.
- Große Hindernisse sind Rollenpanzer, Rollenzwänge und falsche Selbstbilder – ich bin eingeladen, mich ergänzen und mir helfen zu lassen, um blinde Flecken zu sehen.
- Ein leiblich-geistiges Sich-Öffnen im Denken, Fühlen und Wollen gegen alle Stimmen der Vorurteile, der Verletzungen und Ängste – ich bin aufgefordert, ein Leben in Glaube, Hoffnung und Liebe zu wagen.
- Wenn ich meine Leere nicht finde, finde ich auch nicht meine Hoffnung – ich brauche den Mut, nicht auszuweichen.

Was zeigt sich nach all dem Gesagten als Sinnspitze der Kontemplation? Die christliche Kontemplation will die Dinge sehen, wie sie sind, jenseits von Worten und Konzepten, die sonst allzu schnell die Realität ersetzen. Für sie ist notwendig, der Sache selbst zu begegnen. »Reine Gegenwart« oder »pure Präsenz« ist ein möglicher Begriff für diese Begegnung: eine andere Weise, den Augenblick zu erkennen und mit ihm in Berührung zu kommen. Sie ist viel ungeschützter als viele spirituell Suchende vermuten und vermittelt das Gefühl von Machtlosigkeit.

»Reine Gegenwart« steht im christlichen Glaubensraum im inneren Zusammenhang mit der Aufforderung Jesu, dass niemand sein Jünger, seine Jüngerin sein kann, der besitzen will (vgl. Lk 14,33).[144] Es ist eine Enteignung ins Größere. Nicht die Kontrolle, nicht das Festhalten noch das Verfügen führen in das »Reich Gottes«. Die Fähigkeit, mich zurückzunehmen und meine inneren Dramen ruhig zu beobachten, ohne vorschnell zu urteilen, und die klare Entscheidung, nicht den Einflüsterungen der Angst die Führung zu überlassen, sind grundlegend für spirituelles Sehen. Es ist die primäre Weise, »dem Selbst zu sterben«, wie sie Jesus konsequent vorgelebt hat. »Wie immer man es nennt – solch ruhiges, egoloses Sehen ist das Merkmal derjenigen Menschen in allen Kulturen und Religionen, die auf höchstem Niveau handeln und lieben«, meint Richard Rohr.[145] Was jedoch »egolos« meint und wie der Mensch und die Welt dabei gesehen werden, unterscheidet sich erheblich.[146]

Eine Bedingung für das Einswerden mit dem transzendenten Gott ist, zu erlernen, dass sich der Kontakt mit ihm womöglich auf einer innerlicheren, tieferen Ebene als unbefriedigend und frustrierend erweist bis zu einem Punkt, an dem man das Gefühl hat, es rühre sich überhaupt nichts. Diese Lektion ist sehr schwierig, denn dazu gehört eine reinere Hingabe an den nackten Glauben, und zwar ohne die tröstende Wahrnehmung, dass in den eigenen Tiefen unter dem Einfluss des Heiligen Geistes etwas vor sich geht.[147]

Im Letzten setzt die christliche Kontemplation ein Vertrauen zur Wirklichkeit voraus. Christen können diesen geschenkten und zugleich im eigenen Leben angeeigneten selbstlosen Blick auf die Wirklichkeit vollziehen, weil sie sich gehalten und getragen wissen vom unbedingten Erbarmen des Vaters. Jesus ist das gelebte Erbarmen Gottes. Sein Geist legt uns diese Zuversicht in Gott ins Herz! Die Selbstfixierung kann zugrunde gehen, in Gott hinein. Der Mensch im Vertrauen auf Gott muss »sich selber sterben«, um von Gott neu geboren zu werden. Dabei geht es um eine grundlegende Neuschöpfung.

Thomas Merton formuliert unmissverständlich:

> »Jeder von uns wird von einem illusorischen Ich verschattet: einem ›falschen Selbst‹. Das ist der Mensch, der ich von mir aus

sein möchte, der aber nicht existieren kann, weil Gott von ihm überhaupt nichts weiß. Mein falsches, privates Selbst möchte außerhalb der Reichweite von Gottes Willen und Liebe existieren – also außerhalb der Realität und außerhalb des Lebens. Ein solches Selbst kann aber nichts anderes sein als eine Illusion.«[148]

Wenn das

»innerste ›Ich‹ erwacht, findet es in sich die Gegenwart dessen, dessen Bild es ist (…) Diese Behauptung wird jedem ziemlich unglaublich vorkommen, dem voll und ganz aufgegangen ist, wie sehr wir im ›Exil‹ von Gott sind, wie entfremdet diesem innersten Selbst, und wie wir blind im ›Land der Unebenbildlichkeit‹ umhertappen.«[149]

Entgegen der landläufigen Meinung hat Kontemplation nichts mit Ruhe oder Rückzug zu tun. Stille und Ruhe mögen zunächst dringend nötig sein, um allzu starke Zwänge, Verfaserungen und Rollenverstrickungen zu lösen, aber sie kennzeichnen nicht eine kontemplative Lebenshaltung. Stattdessen ist sie aus dem Blickwinkel einer eher psychologischen Spiritualität gesehen, eine Art unmittelbares, offenes Gegenwärtigsein in unmittelbarer Verbindung zum Leben, so wie es ist.[150] Für die christliche Kontemplation darf man mit Thomas Merton festhalten:

»Was gemeinhin kontemplatives Leben genannt wird, ist in Wirklichkeit ein Leben, das in allem so geordnet ist, dass man leichter und einfacher und natürlicher im Bewusstsein der unmittelbaren Abhängigkeit von Gott leben kann – in dem Sinn, dass wir uns nahezu jeden Augenblick dessen bewusst sind, wie sehr wir auf ihn angewiesen sind und von ihm unmittelbar alles empfangen und als reines Geschenk erhalten. Wir erfahren und verkosten in diesen Geschenken in unserem Herzen die Liebe und Güte, die ganz persönliche Aufmerksamkeit, die Gott für uns hat, der sich uns erbarmungsvoll zuneigt.«[151]

Die Kontemplationsschule der Tradition

In der antik-heidnischen Tradition ist die »con-templation« eine Versammlung um den ausgesparten heiligen Bezirk (templum). Möglicherweise meint »con-templum« die Beobachtung eines freien Himmelsausschnitts, der Gestirne und des Vogelfluges, um durch die Deutung der »Eingeweihten« mit der Führung der Götter in Kontakt zu kommen. Vielleicht lässt sich der Befund so zusammenfassen: Kontemplation ist Freiraum zum Sehen, was geschehen soll, was sich gewährend ereignen will.

In der frühen christlichen Tradition wurde nicht mehr ein »Himmelsausschnitt« beobachtet, um die Götterweisung zu erfahren, sondern die Weisungen Gottes wurden in der Kontemplation der Heiligen Schrift erschlossen. In ihnen wird bezeugt, wer Gott ist, wie er die Menschen führt und was seine Absichten sind. Der Wille Gottes wird sichtbar in der Schrift. Sie ist der zu betrachtende »Raum«, in dem sich Gottes Wille erschließt. Die Kontemplationstradition der frühen Kirche, die ihren Ausgangspunkt in der geistlichen Schriftlesung hat, wird im Mittelalter mit dem Wort aus dem Matthäusevangelium gebündelt und systematisiert: »Sucht, dann werdet ihr finden; klopft an, dann wird euch geöffnet werden« (Mt 7,7). Das Suchen nach der Weisung Gottes geschieht durch das Lesen der Schrift (lectio). Das Finden ist das Berührt- und Bewegtwerden durch ein Schriftwort. Die »meditatio« ist im christlichen Sinn die Aneignung und Verinnerlichung des Wortes Gottes und Ausdruck des »Findens«. Sie ist gleichsam die verweilende Resonanz der Botschaft Gottes im Leser und Hörer. Daraus aber steigt das Gebet auf, das Antwort auf das Wort gibt und gleichsam bei Gott »anklopft«. Die Tradition nennt diesen antwortenden Vorgang des Menschen auf die Berührung durch Gottes Wort »oratio«, Gebet. Es »klopft« bei ihm an. Es ist das Gebet im engeren Sinn, d. h., aus dem Verinnerlichten erhebt sich das Gebet an Gott als Antwort auf Gottes entgegenkommenes Wort, das in der Schrift bezeugt ist. Ab hier kann der Mensch nur noch hoffnungsvoll erwarten – »dem wird aufgetan.« Hier gibt es keine Aktivität, sondern Passivität. Hier ist vom Menschen her nichts mehr zu tun, wobei das Warten kein geringes Engagement erfordert. Gott eröffnet sich, genau diesen Vorgang nennt die christliche Tradition »contemplatio«.

Was diese letzte Gebetsphase für den Menschen in seinem Durst und Drang nach Leben und Glück, dem Paradiesgarten, existenziell bedeutet, drückt sich in einem Gedicht der französischen Philosophin Simone Weil aus. Die »Erwartung« wird zu einer alles verwandelnden »Läuterung«. Der Durchbruch ist ein Einbruch. Sie schreibt in ihrem Gedicht »Die Pforte« (1941/1942):

»Öffnet uns die Pforte, und wir werden die Gärten sehen,
Ihr kühles Wasser trinken, auf dem der Mond seine Spur hinterließ.
Die lange Straße brennt, feindlich gesinnt den Fremden.
Wir irren in Unwissenheit und finden keinen Ort.

Wir wollen Blumen sehen. Hier lastet Durst auf uns.
Im Warten und im Leiden stehen wir vor der Pforte.
Wenn es sein muss, zerbrechen wir diese Pforte mit unseren Schlägen.
Wir drücken und schieben, aber die Schranke ist zu fest.

Uns bleibt nur Sehnen, Warten und vergebliches Schauen.
Wir schauen auf die Pforte; sie ist verschlossen, unüberwindlich,
Wir heften unsern Blick auf sie; wir weinen unter der Qual;
Wir sehen sie ständig; das Gewicht der Zeit lastet auf uns.

Die Pforte ist vor uns; was nützt uns das Wünschen?
Besser die Hoffnung aufgeben und gehen.
Wir werden niemals eintreten. Wir sind es müde, sie zu sehen.
Als sie sich auftat, ließ die Pforte so große Stille hindurch,

Dass kein Garten erschien und auch keine Blume;
Nur der unendliche Raum aus Leere und Licht
War mit einem Mal vollkommen da, erfüllte das Herz,
Und wusch die Augen, fast erblindet unter dem Staub.«[152]

Präsent im Jetzt

Die traditionelle Verhältnisbestimmung von aktivem und kontemplativem Leben hat in der biblischen Erzählung von Maria und Marta ihre traditionelle Auslegung gefunden. Der viel beschäftigten und sorgenden Marta wird gesagt: »Maria hat das Bessere gewählt« (Lk 10,42b). Maria hat sich zu Jesus gesetzt und hört auf sein Wort. Wenn man jedoch der kanonischen Auslegung folgt, welche die Schriftstelle im Gesamt der Schrift auslegt, zeigt sich ein anderer Befund. Es fällt auf, dass vor der Erzählung von Maria und Marta das Gleichnis vom barmherzigen Samariter steht. Mit ihm gibt Jesus seinen Zuhörern zu verstehen, dass Nächstenliebe dort geschieht, wo wir uns handelnd betreffen lassen von der Not an unserem Weg. Die helfende Sorge um den unter die Räuber gefallenen Nächsten und die hörend-kontemplative Zuwendung zum Herrn stehen direkt hintereinander. Dies wird kein Zufall sein! Es lässt sich vielmehr ableiten: Kontemplativ ist nicht nur der, der zu den Füßen des Herrn sitzt, sondern auch der, der »sieht«, wer sein Nächster ist. Kontemplation heißt, präsent zu sein für das »Jetzt«. »Jetzt« liegt der geschändete Mensch am Wegrand, ihn zu versorgen ist größer als jeder Gottesdienst im Tempel. »Jetzt« ist der »Herr« da, das ist bedeutsamer als das Kaffeegeschirr und die Dekoration der Gästetafel. Wenn wir »Maria und Marta«, wenn wir Kontemplation recht verstehen wollen, müssen wir die zwei nicht unbeabsichtigt nebeneinanderstehenden Erzählungen zusammenlesen. Kontemplation ist eine Schule der Präsenz! Das Christentum vertritt eine Mystik der offenen Augen[153], die in Gott eintaucht und zugleich neben den Menschen auftaucht!

Der Weg der christlichen Kontemplation eröffnet sich nur unter der Erfüllung des Willens Gottes. Der Wille Gottes ist es, Gott als Gott anzuerkennen sowie jeden anderen Menschen als Menschen zu behandeln; d. h., handle nicht so, als seist einzig du ein Mensch und jeder andere Mensch sei bloß ein Tier oder eine Sache. Ohne Sympathie, ohne Mitleid aber kann ich keinen anderen Menschen als Menschen behandeln, denn ich muss wenigstens wahrhaben wollen: Wenn sie empfinden und leiden, dann empfinden und leiden sie ungefähr das Gleiche, was ich leide und empfinde. Sollte ich dies nicht spontan können, sollte ich es lernen. Ich muss lernen, mit anderen ihre Leiden, ihre Freuden, ihre Bedürfnisse, ihre Vorstellungen und ihre Sehnsüchte zu teilen – und dies nicht nur auf die gleiche Gesellschaftsschicht, Rasse oder Nation bezogen, sondern auch gegenüber jenen, die anderen Gruppen angehören, und auch gegenüber jenen, die als feindlich gelten.

»Wer die Kontemplation hauptsächlich als Mittel dafür ansieht, sich den Nöten des menschlichen Lebens zu entziehen, also als Möglichkeit des Rückzugs, und dem Leiden dieses Ringens um das Wiedereinssein mit anderen Menschen in der Liebe Christi, weiß überhaupt nicht, was Kontemplation ist, und wird in seiner Kontemplation Gott niemals finden. Denn genau im Wiederherstellen unseres Einsseins mit unseren Brüdern und Schwestern in Christus entdecken wir Gott und erkennen ihn, denn dann beginnt sein Leben in unsere Seelen einzudringen und seine Liebe nimmt unsere Fähigkeiten in Beschlag und wir sind imstande, dank der Erfahrung seiner Barmherzigkeit, die uns aus dem Gefängnis unseres Sorgens um uns selbst befreit, darauf zu kommen, wer er ist.

Es gibt nur eine einzige echte Form der Flucht aus der Welt: Das ist nicht das sich Drücken [sic] um Konflikt, Angst und Leiden, sondern die Flucht aus dem Uneinssein und der Trennung hin zum Einssein und Frieden in der Liebe anderer Menschen.«[154]

Leben in »Herrlichkeit« – das Gewicht Gottes

Das Christentum ist weit mehr als ein System von Glaubensvorstellungen. Vielmehr geht es von der Überzeugung aus, dass es Christus ist, der in uns lebt und die Menschen in seinem eigenen Leben und Einssein miteinander vereint. »Ich in ihnen und du, Vater, in mir. So sollen sie vollendet sein in der Einheit... Sie sollen meine Herrlichkeit sehen, die du mir gegeben hast..., denn sie sollen eins sein, wie wir eins sind« (Joh 17,21–26). »Daran werden alle erkennen, dass ihr meine Jünger seid: wenn ihr einander liebt« (Joh 13,35). »Wer liebt, bleibt nicht im Tod« (1 Joh 3,14b).[155]

Christlich kontemplativ zu sein ist die Fähigkeit, die »Herrlichkeit Gottes« an sich heranzulassen, zu sehen, sich zu wandeln und sie widerzuspiegeln. Das Wort »Herrlichkeit« gibt das hebräische Wort »kabod« wieder. Um das ganze Begriffsspektrum von »kabod« zu erahnen, ist es am besten mit »Wucht« zu übersetzen. So sagen wir: »Du bist eine Wucht!« Aber auch: »Mit ganzer Wucht...«, Kraft, Schwere. Und wir sprechen von »auswuchten«. Die Herrlichkeit Gottes meint also Kraft, Größe, Schwere, ins letzte Maß kommen.

Christian Teissl umschreibt das Aufgehen der »kontemplativen Sicht« der Herrlichkeit Gottes in seinem Gedichtband »Umkreisungen des Namenlosen«:

>»Eines Tages
>blendete mich Dein Licht
>und ich ging in den Schatten
>
>Eines Nachts
>lastete Deine Dunkelheit schwer auf mir
>und ich erinnerte mich vieler heller Tage
>im Sommer
>
>Eines Morgens
>hoffte ich auf Deine Sonne
>doch ging sie nicht auf
>
>Eines Abends
>hoffte ich auf Deine Sterne
>doch blieben sie hinter qualmigen
>Wolken verborgen
>
>Tag für Tag
>erschrak ich tiefer
>bei dem Gedanken dass Du in allem bist
>anwesend
>abwesend
>schrecklich und schön
>
>Eines Tages aber
>blickte ich in den Spiegel

und da erkannte ich
dass mein Spiegelbild mehr von Dir weiß
als ich selbst
dass es frei ist von Angst
und sich in jeder Sekunde
seit meiner und seiner Geburt
danach sehnt
Dich zu spiegeln.«[156]

Der kontemplative Weg – 14 Erinnerungen[157]

- Der kontemplative Weg des Lebens und der Liebe umfasst die Wege des Handelns, des Wissens und des Fühlens (das Gute, Wahre und Schöne) und er verehrt immer das Geheimnis des Lebens.
- Er kann umschrieben werden als »ungetrübte und totale Gegenwart«, »ständige erneuerte Unmittelbarkeit«, »das Herz und die Wirklichkeit in gegenseitiger Umarmung«.
- Er wird sehr häufig als eine offene, weitgespannte und allumfassende Bewusstheit definiert. Mehr noch als ein Bewusstseinszustand ist er eine Einstellung des Herzens und ein Gegenwärtigsein, in dem diese allumfassende Bewusstheit in die Fülle des Lebens und des Tuns hineingebracht wird. Sie ist ein jähes Geschenk der Bewusstheit, ein Erwachen für das Wirkliche in allem Wirklichen, ein lebhaftes Gewahrwerden des in unserem eigenen endlichen Sein angelegten unendlichen Seins.
- Kontemplation erfordert eine bestimmte Wachheit. Das kann eine heitere, psychologische Aufmerksamkeit sein (ein Zustand des Suchens = ausstrecken) oder mehr eine sich sanft entfaltende Bereitschaft (ein Zustand des Aufnehmens = lockern). Aber das Herz ist wach. Das kann sogar im Schlaf so sein.
- Neurologisch betrachtet sind Momente der Kontemplation Pausen in der automatischen Aktivität gelernter Hirnzellenmuster. Psychologisch betrachtet sind sie eine vorübergehende Aufhebung der Kontrolle. Philosophisch betrachtet sind sie »nackte Intuition«, der Moment unmittelbarer Wahrnehmung, bevor wir anfangen zu denken oder zu reagieren. Spirituell betrachtet

sind sie Geschmack der Freiheit zu lieben, kleine Begegnungen mit der Weite der Erlösung.
- Genau wie die Liebe selbst ist die Kontemplation ein Geschenk. Wir können sie nicht aus eigener Kraft erreichen. Wenn wir Kontemplation üben, üben wir, unsere Hände zu öffnen, um das Geschenk entgegenzunehmen.
- Als Kinder hatten wir alle von Natur aus die Gabe der Kontemplation. Die meisten von uns verloren diese natürliche Fähigkeit, weil wir so stark darauf konditioniert worden sind, uns auf dies oder jenes zu konzentrieren. So glauben wir mittlerweile, Ablenkungen seien reale Hindernisse, statt Entscheidungen, die wir treffen.
- Kontemplation passiert jedem. Sie passiert in den Momenten, in denen wir offen, ungeschützt und unmittelbar anwesend sind. Die Leute, die man kontemplativ nennt, sind einfach nur diejenigen, die diese Momente ausdehnen, die mehr oder länger im Zustand der Gegenwärtigkeit leben möchten.
- Kontemplation erfordert die ehrliche Bereitschaft und den mutigen Wunsch, uns selbst und die Welt so zu sehen, wie wir sind und wie sie ist, ohne etwas zu verzerren, auszuschließen, zu vermeiden oder zu betäuben. Das bedeutet, wir gehen in unsere Leere, in unsere unerwiderte Sehnsucht hinein.
- Kontemplation kann zu tiefem Vertrauen und Glauben führen, aber nicht zu ungestörtem Seelenfrieden. Sie öffnet unsere Liebe genauso für das Leiden und die Zerbrochenheit der Welt wie für ihre Freude und Schönheit.
- Kontemplation verlässt nie die Gegenwart. Hoffnungen und Pläne für die Zukunft sowie Erinnerungen an die Vergangenheit werden als Teile der Gegenwart wahrgenommen. Obwohl Kontemplation allumfassend ist, hat sie eine Richtung oder Orientierung. Stellen Sie sich vor, Sie stehen auf einem Berggipfel an einem Tag mit klarer Sicht. Sie können das ganze Panorama um sich herum sehen, aber Sie können in einem Moment immer nur in eine Richtung blicken. In welche, entscheiden Sie. Oder stellen Sie sich vor, Sie stehen in der Tür Ihres Hauses, um mit offenen Armen jeden Menschen zu empfangen, der kommt. Sie stehen immer noch in Ihrem Haus und Sie haben beschlossen, Ihre Arme zur Welt zu öffnen.
- Wir müssen uns entscheiden, in welche Richtung wir blicken

und auf was sich unsere Kontemplation richtet. Übung in Kontemplation bringt eine erweiterte Wahrnehmung, eine vergrößerte Empfänglichkeit und ein größeres Wissen um sich selbst mit sich. Das alles kann benutzt werden, um zu zerstören oder um aufzubauen, um die Effizienz zu steigern oder die Liebe. Der Ertrag unserer Kontemplation hängt von dem Ziel ab, dem wir uns widmen.

- Geheiligte Kontemplation richtet sich auf Gott. Sie blickt auf Gott und öffnet sich für die Quelle der Liebe. In der Heiligung ist jeder Moment der Kontemplation Liebe. Bei jeder Tat, die aus unserer Heiligung hervorgeht, geht es um Liebe.
- Geheiligte Kontemplation ist in jeder Gestalt kontemplatives Gebet und sie lässt uns erkennen, dass Gott uns braucht und wir ihn.

Schluss: Gut für Überraschungen

> »Was fange ich mit so viel Leben an,
> da brauch ich ja einen, der leben kann,
> einen, der weiß, wie es geht.
> Was fängt man mit so viel Leben an,
> wenn man keinen kennt, der leben kann,
> keinen, der weiß, wie es geht.«

Wenn man glauben kann, dann findet man jemanden, der leben kann, sogar durch den Tod zum Leben: Jesus Christus. Wenn man ihm glauben kann, dann findet man einen, der lieben und frei sein kann: Jesus Christus und viele Menschen, die ihm sehr glaubwürdig ins Leben, Lieben und Freisein gefolgt sind. Man müsste sich nur wieder auf die große Erzählung des Gottes Israels mit seinem Volk und in letzter Entschiedenheit für uns Menschen in Jesus Christus einlassen. Man müsste wieder das Wagnis eingehen, sich bereit machen, mit seiner Sehnsucht nach Leben dort zu suchen. Hier gibt es eine Vision, eine weite Landschaft, die alle Menschen in einen gemeinsamen Horizont stellt: eine geschwisterliche Welt.

Christliche Lebenskunst stellt nicht das Machen an die erste Stelle. »Die Leute sollten jedoch nicht so viel darüber nachdenken, was er (der Mensch, L. Sch.) tun soll, sondern mehr darüber nachdenken, was er sein soll« (Meister Eckhart). Das Vergessen der Größe des Menschen – der Mensch ist gottesfähig, er kann in und aus ihm leben – lähmt und treibt uns paradoxerweise in den falschen Größenwahn. Die Größe des Menschen ist es, dass er vor aller Leistung von Gott gewollt, gehalten und gelitten ist, seine tiefste Würde ist es aber, ihm frei antworten zu dürfen. Denn Gott wirkt nicht an und mit uns, wie der Hebel an einem Stein wirkt, er »formt«, indem wir unsere Form suchen und im Dialog mit ihm immer mehr finden.

In Glaube, Hoffnung und Liebe bündelt sich diese Lebenskunst. Wer glaubt, hofft und liebt, wird wirklich Mensch. Klugheit, Gerechtigkeit, Tapferkeit und Maß sind die unterstützenden Haltungen, die Glaube, Hoffnung und Liebe in den konkreten Gegebenheiten des Alltags lebbar machen.[158] In diesen sieben alten und zugleich hochaktuellen Grundhaltungen, die Tradition nennt sie Tugenden, kommt das christliche Menschbild zum Ausdruck:

- *Glaube*
  Der Christ ist ein Mensch, der im Glauben der Wirklichkeit des dreieinen Gottes innewird und so aus der Nähe Gottes lebt. Der Mensch ist im Vertrauen getragen.
- *Hoffnung*
  Er spannt sich in der ihm geschenkten Hoffnung auf die endgültige Erfüllung seines Wesens im ewigen Leben aus. Die Hoffnung ist im Letzten Kraft zum Guten im Hier und Jetzt. Das Leben des Menschen ist ausgespannte Hoffnung, immer.
- *Liebe*
  Er richtet sich, erfüllt von Gottes Liebe, mit all seiner die natürliche Liebeskraft übersteigenden Bejahung auf Gott und den Mitmenschen aus. Er sagt ja, aus Gottes großem Ja.
- *Klugheit*
  Der Christ ist klug, d. h., er lässt sich den Blick für die Wirklichkeit nicht trüben durch das Ja oder Nein des Willens, sondern er macht das Ja oder Nein des Willens abhängig von der Wahrheit der Dinge. Nicht taktisch oder nur clever auf seinen Vorteil bedacht, sondern auf alles bedacht, aufmerksam und erfinderisch, was dem Guten Lebensraum schenkt.
- *Gerechtigkeit*
  Er will die Gerechtigkeit, d. h., er vermag die Wahrheit »mit dem Anderen« zu leben; er weiß sich als Mensch unter Mitmenschen in der Kirche, in der Gesellschaft und unter den Nationen und in aller Gemeinschaft.
- *Tapferkeit*
  Der Christ ist tapfer, d. h., er ist bereit, für die Wahrheit und für die Verwirklichung der Gerechtigkeit Verwundungen und, wenn es sein muss, den Tod hinzunehmen. Die Tapferkeit ist das Ja zur Liebe durch Kampf und Sterben hindurch. Sie ist bewährte Auf-

erstehungsliebe in den Wirrungen und Verwirrungen menschlichen Lebens, die stärker ist als der Tod.
- *Maß*
Der Christ hält Maß, d. h., er lässt es nicht zu, dass sein Habenwollen und sein Genießenwollen zerstörerisch und wesenswidrig werden. Frei von der Ichzentrik, findet er Maß in Gott.

All diese Haltungen bekommen ihre Farbe im beständigen Blick auf Jesus Christus, den Anführer des Lebens. Die christliche Tradition ist übervoll von konkreten Hinweisen zur christlichen Lebenskunst bzw. Lebensführung: Ordensregeln, Anweisungen zur Unterscheidung der Geister, Lebenszeugnisse herausragender Frauen und Männer.[159]

Eine Weisung des heiligen Franziskus

Für unsere derzeitige (mitteleuropäische) Lebenskultur ist der Umgang mit der Überfülle an Möglichkeiten eine der größten Herausforderungen. Die Selbstbeschränkung, das Maßfinden im Vielen ist zu einer ständigen Notwendigkeit, ja Notwehr geworden. Zugleich gilt es, nicht aus Frustration und Enttäuschung dichtzumachen, nicht hart, bitter und zynisch zu werden gegenüber den vielen hohlen Versprechungen, Manipulationsversuchen, den angebotenen Möglichkeiten, die sich als Nichtigkeiten herausstellen. »Alles schon probiert, nichts passiert!«

In dieser Situation wäre das Wort eines großen Lebenskönners, des heiligen Franziskus, als Wegweisung zu beherzigen: »Wo Erbarmen ist und Besonnenheit, da ist nicht Übermaß noch Verhärtung.«[160]

Erbarmen
Im Psalm 103,8–17 heißt es über das gnädige Erbarmen Gottes:

> »Barmherzig und gnädig ist der Herr, geduldig und von großer Güte. Er wird nicht für immer hadern noch ewig zornig bleiben (…) Wie sich ein Vater über Kinder erbarmt, so erbarmt sich der Herr über die, die ihn fürchten. Denn er weiß, was für ein Gebilde wir sind; er gedenkt daran, dass wir Staub sind (…) Die

Treue (haesed – Treuegnade) des Herrn währt von Ewigkeit zu Ewigkeit.«

Gottes Erbarmen und unser Erbarmen beginnen immer dann, wenn wir uns daran erinnern, »was für ein Gebilde wir sind«: Wir sind endlich – Staub. Wir sind Erdlinge, wir haben Schnupfen und fahren zum Mond; können in großen Gedanken von Dichtern und Philosophen schwelgen und vor Kopfschmerzen nicht schlafen; wir kennen die Liebe und den Hass… Wir sind nicht selten wie große Kinder: Wir spielen mit Autos und Aktien und schubsen auf dem Schulhof der Öffentlichkeit herum.

»Gedenke, was für ein Gebilde du bist!« »Gedenke, dass sich deiner Begrenztheit Gott erbarmt! Mensch, komm herunter aus deiner Verstiegenheit! Komm runter! Komm zur Erde! Wenn du das tust, wirst du ein Mensch des Erbarmens.« Wer sich aus Gottes Erbarmen als Endlicher annimmt, mit dieser Nase, diesem Charakter, dieser Biografie, der kommt ins Erbarmen. Dann hört der Zynismus auf. Die Härte des verbissenen Lebenswillens – so muss es sein und nur so darf es kommen – weicht auf, der Geschmack der Bitterkeit wandelt sich. Franziskus meint also: Wo Erbarmen ist, das Wissen darum, dass Gott sich unserer Endlichkeit annimmt, müssen wir nichts zementieren, nicht starrsinnig sein, da ist keine Hartherzigkeit, sondern Weite.

Besonnenheit

Er sagt weiter: Wo Besonnenheit ist, da ist kein Übermaß! Was hier mit »Besonnenheit« übersetzt wird, formuliert Franziskus mit dem lateinischen Wort »discretio«. Dieses Wort hat viele Bedeutungen. Es kann schlicht »Unterscheidung« bzw. »kritisches Urteil« meinen. Es kann ebenso bedeuten, was wir mit »diskret« verbinden: Zurückhaltung im Wort und Verhalten. Und darüber hinaus kann sich »discretio« auch auf den behutsamen Umgang mit den eigenen inneren Erfahrungen beziehen.

Fähigkeit zur Unterscheidung, Zurückhaltung im Wort und Verhalten (also keine Schnellschüsse) sowie Kontakt mit den eigenen inneren Erfahrungen: Wo diese Haltungen vorhanden sind, da ist nach der Ansicht des heiligen Franziskus kein Übermaß. Da findet sich also das richtige Maß im Leben, eine Balance der Lebenskräfte, eine Mitte.

»Besonnenheit« ist ein guter Ausdruck für all diese Aspekte. »Besonnenheit« kommt von »sich besinnen«, über den Sinn seines Lebens nachsinnen, sein Lebensziel vor Augen zu haben *und zugleich* im Kontakt zu stehen mit seinem inneren Erleben. Der Besonnene lässt sich nicht von den Tagesaktualitäten überrennen, er ist diskret. Er tritt zurück und lässt Fragen zu: Was ist jetzt dran? Welchen Entscheidungen darf man nicht ausweichen, welchen Verführungen nicht nachgeben? Welche Risiken sind einzugehen, welche nicht? Welche Warnungen verdienen Gehör, welchen ist zu widersprechen? Um solchen Fragen nachzugehen, brauche ich einen Ruhe-Raum des Bedenkens, eine Schweigezone des Hörens, genau das, was uns heute so sehr abgeht. Nur in der »discretio«, in der Besonnenheit, können die wahren Größenordnungen hervortreten, kann das zu Schützende wahrgenommen, das zu Erstrebende geschmeckt, können die Verführungen durchschaut werden. Franziskus meint: Wo die Besonnenheit ist – ein Ruhe-Raum des Bedenkens –, da ist kein Übermaß, d. h., da kommt mein Leben ins richtige Maß.

Die Kunst der Künste: immer noch offen

Es ist im Blick auf die vielen Lebensversprecher, Ratgeber und Lebenskunstbücher eine einfache Wahrheit in Erinnerung zu rufen: Wir können das Leben nicht beherrschen, aber führen. Doch auch das will gelernt sein! »Wir müssen UNS entwickeln, nicht eine Technik, die uns helfen soll, uns zu ersetzen.«[161]

Wir verbringen allzu viel Zeit damit, andere Menschen zu ändern – durch *unsere* Ideen. Das erlaubt uns, selbst unverwandelt und unbekehrt zu bleiben. Doch nur veränderte Menschen verändern Menschen – gleichsam durch Osmose. In der Regel kann man andere nur so weit führen, wie man selbst gegangen ist. Wenn wir andere anschieben, einschüchtern, überreden oder sogar manipulieren, berühren wir die Seele eines anderen nicht an der entscheidenden Stelle: in ihrer Freiheit und Würde. Die Gegenwart eines gewandelten, freien Menschen, eines Menschen, der sich vom Heiligen hat berühren lassen, bewirkt, wenn wir empfänglich sind, einfach nach einer gewissen Zeit, dass wir andere sind. Es ist geistlich klug, Ausschau nach jemand anderem zu halten, dem wir diesen Lebensdienst zutrauen können.

Franziskus' Wink zum Leben ist das Wissen um Gottes Erbarmen: Wir haben nicht alles im Griff und müssen es auch nicht, Gott sei Dank. Wo wir aus dem Erbarmen Gottes leben, können wir annehmen, »was für ein Gebilde wir sind«: endlich, begrenzt und darin gewollt und bejaht, *geliebter Staub*. Nur so können sich Bitterkeit und Hartherzigkeit gegenüber uns selbst und den anderen auflösen. Wo ich innehalte, konkret jeden Tag und im Jahreslauf, eben durch eine geprägte Zeitgestaltung, wo ich besonnen bin, wo ich *Sinn für den Sinn und meine Innenwelt* habe, da gerate ich ins Lot. Wer nicht bei sich ist, kommt nie über sich hinaus, er geht im Kreis. Aus dem Erbarmen Gottes leben heißt, einen präsenten Blick, eine kontemplative Sicht der Welt zu gewinnen, wie sie von Gott her gemeint ist.

Dann lautet die Kunst der Künste zum Menschwerden: immer noch offen, immer noch wegbereit, immer noch für Überraschungen zu haben.

Anmerkungen

Einführung

1 J. Ratzinger/Benedikt XVI., Wer glaubt, ist nie allein, Freiburg 2005, 16.
2 Diese gelungene Formulierung übernehme ich von H. P. Sill, Letzte Erfahrungen. Vom Licht der Unbegreiflichkeit, Würzburg 2012, 9.
3 L. Schulte, Gott suchen – Mensch werden. Vom Mehrwert des Christseins, Freiburg i. Br. ²2007; ders., Der Weg der Erlösung. Von der Herzmitte des Christseins, Freiburg i. Br. 2007.
4 M. Sellmann, Von der Unsicherheit, individuell sein zu wollen, in: Sicher Unsicher. Im Auftrag der Salzburger Hochschulwochen als Jahrbuch hrsg. v. G. M. Hoff, Innsbruck/Wien 2011, 93–119, hier 119.

I Lebenskunst – die Kunst der Künste

5 Der Titel »So viel Leben« erschien 2004 und findet sich später auf der CD »supersexy rational« (2005). Im Sommer 2004 erhielt »Mathilda« den renommierten Nachwuchspreis für junge Songpoeten der Hanns-Seidel-Stiftung.
6 Vgl. J. Sautermeister, Was ist Lebenskunst, in: ThPQ 157 (2009), 339–350, 339f.
7 C. Ankowitsch/E. Gronau, Dr. Ankowitschs kleiner Seelenklempner. Wie Sie sich glücklich durchs Leben improvisieren, Hamburg 2009.
8 C. Horn, Antike Lebenskunst. Glück und Moral von Sokrates bis zu den Neuplatonikern, München 1998, 9.
9 Vgl. W. Schmid, Philosophie der Lebenskunst. Eine Grundlegung, Frankfurt a. M. 1998, 27–38.
10 Stellvertretend für weit mehr: W. Kersting/C. Langbein (Hrsg.), Kritik der Lebenskunst, Frankfurt a. M. 2007; J. Sautermeister, »Carpe diem?!« Positionen philosophischer Lebenskunst aus Antike und Gegenwart, in: ETHICA 16 (2008), 129–152.
11 E. Schockenhoff/C. Florin, Gewissen. Eine Gebrauchsanweisung, Freiburg 2009, 7f.
12 Ebd.

13 E. Schockenhoff/C. Florin, Gewissen, 8.
14 Vgl. J. Sautermeister, Lebenskunst, 339–350.
15 C. Taylor, Die Formen des Religiösen in der Gegenwart, Frankfurt a. M. 2010, 78ff.
16 Vgl. dazu Ch. Horn, Wie hätte eine Philosophie des gelingenden Lebens heute auszusehen?, in: Allgemeine Zeitschrift für Philosophie 25 (2000), 323–345, 339.
17 Zitiert bei ebd., 339.
18 J. Sautermeister, Lebenskunst, 344.
19 Vgl. zur ganzen Problematik: J. Sautermeister, »Carpe diem?!«, 129–152.
20 R. Marten, zitiert von Ch. Horn, in: Ch. Horn, Philosophie des gelingenden Lebens, 333, Anm. 14. Gelingende Wechselseitigkeit ist ein überlagerndes, dominantes Gut.
21 Vgl. den positiven Ansatz bei R. Marten, Lebenskunst, München 1993. Zur Diskussion: G. Löhrer/C. Strub/H. Westermann (Hg.), Philosophische Anthropologie und Lebenskunst. Rainer Marten in der Diskussion, München 2005.
22 Vgl. die Kennzeichnung bei W. Kersting, Einleitung: Die Gegenwart der Lebenskunst, in: Ders./C. Langbehn (Hg.), Kritik der Lebenskunst, Frankfurt a. M. 2007, 10–88, bes. 14–38: *Heroisches Individuum*, wo Lebenskunst als Selbsterschaffung (Nietzsche, Foucault) verstanden wird; *postmodernes Individuum*, wo Lebenskunst nach dem Tod aller Götter als Selbstbestimmungschance reflektierten Lebens (Schmid) erstrebt wird in umfassender Selbst- und Weltsorge; das *kapitalistische Individuum*, wo Lebenskunst durch den Verlust wohlfahrtsstaatlicher Rundumversorgung zur Kunst wird, sich in einer rauen Wirtschaftswelt marktfähig zu halten und ein Manager seiner selbst zu werden (Selbstmanagementliteratur).
23 Vgl. C. Horn, Philosophie des gelingenden Lebens, 339.
24 U. Wolf, Die Philosophie und die Frage nach dem guten Leben, Reinbek 1999, 79.
25 C. Horn kann mit einer gewissen Berechtigung die Frage an U. Wolf stellen: »Ist es nicht plausibler zu sagen, dass die großen Sinnkrisen (auch wenn sie die tiefste Schicht der Frage nach dem gelingenden Leben darstellen mögen) für einen Großteil unserer Lebensfragen *nicht* maßgeblich sind?« Aber was heißt das? Dass vieles ohne Sinn und Richtung getan wird, heißt noch nicht, dass es durch Sinn und Ziel nicht seine eigentliche Zuordnung erhält. Vgl. C. Horn, Philosophie des gelingenden Lebens, 343.
26 Vgl. J. Sautermeister, Lebenskunst, 345.
27 W. Kersting, Einleitung: Die Gegenwart der Lebenskunst, in: W. Kersting/C. Langbehn (Hg.), Kritik der Lebenskunst, 10–88, hier 38.

28 Vgl. J. Wanke, Missionarische Kirche in einer entchristlichten Umwelt. www.theo.uni-trier.de/_downloads/Wanke.pdf [Zugriff: 18. 11. 2012], 6, vgl. dazu grundsätzlich: J. Werbick, Grundfragen der Ekklesiologie, Freiburg i. Br. 2009, 13–20. Er fragt: »Wie können Menschen sich zu dem souverän-selbstbestimmt verhalten, was ihnen soziale und existentielle Verankerung nur gewähren kann, wenn es sie unbedingt angehen darf – wenn es ihnen verbindlich vorgibt, was sie das Heilige und das Profane in verbindlichen Mustern zu unterscheiden und zueinander in Beziehung zu setzen haben? Könnten religiöse Menschen sich als je individuelle ›letzte Instanz‹ verstehen, die darüber entscheidet, wovon sie sich unbedingt angehen lassen, ohne dass sich das souverän entscheidende Individuum hier gegenüber dem selbst absolut setzen würde, was es in dieser *selbst*bestimmten Entscheidung als unbedingt anerkennt?« (16f.)

29 M. Renz, Erlösung aus Prägung, Paderborn 2008, 120f.

30 K. Hemmerle, Jeder hat, was er gibt, in: K. Rahner/B. Welte (Hg.), Mut zur Tugend, Freiburg 1979, 19–29. Hier zitiert nach: M. Sellmann, Christsein als Lebenskunst, in: ThPQ 157 (2009), 351–358, 358. Siehe auch hier seine Ausführungen zu Christsein als Lebenskunst des Umwegs, 357f.

2 Weisheit – wenn die Dinge schmecken, wie sie sind

31 Vgl. zum Folgenden: J. Poláková, Perspektive der Hoffnung. Transzendenzsuche in der Postmoderne, Paderborn 2005, 29f.

32 J. Poláková, Perspektive der Hoffnung, 30.

33 Ebd.

34 J. Möller, Das Sein der Weisheit – die Weisheit des Seins. Marginalien zu einer Problemgeschichte, in: Weisheit Gottes – Weisheit der Welt (FS J. Ratzinger), St. Ottilien 1987, Bd. I, 3–14, hier 3.

35 So lehrt Sokrates mit Berufung auf die Seherin Diotima, dass die Weisheit das Vorrecht der Götter sei, während die Liebe zur Weisheit (Philo-Sophia) dasjenige Verhältnis zur Wahrheit sei, das allein der menschlichen Natur angemessen ist. Vgl. R. Schaeffler, Spiritus sapientiae et intellectus – spiritus scientiae et pietatis. Religionsphilosophische Überlegungen zum Verhältnis von Weisheit, Wissenschaft und Frömmigkeit und ihre Zuordnung zum Geiste, in: Weisheit Gottes – Weisheit der Welt, Bd. I, 15–35, 16. Die sokratische Weisheit, die aus dem Orakel von Delphi entspringt: »Erkenne dich selbst – du bist kein Gott«, wird bezeichnenderweise seit der Aufklärung oft nur halbiert tradiert und damit reduziert: »Erkenne dich selbst.«

36 J. Poláková, Perspektive der Hoffnung, 27–29.

37 Hier liegt der Ursprung jedes echten kontemplativen Lebens, vgl. dazu das Kapitel »Kontemplation – erfüllte Gegenwart«.
38 Div. 18,1, hier zitiert bei: D. Terstriep, Weisheit und Denken. Stilformen sapientialer Theologie, Rom 2001, VII.
39 In die pure Präsenz, das Ziel eines kontemplativen Lebens, siehe dazu das Kapitel »Kontemplation – erfüllte Gegenwart«.
40 Predigt des Heiligen Vaters, Sonntag, 24. April 2005.
41 O. H. Pesch, in: Weisheit Gottes – Weisheit der Welt, Bd. I, 492.
42 N. Brantschen, Vom Vorteil, gut zu sein. Mehr Tugend – weniger Moral, München 2005, 67.
43 N. Brantschen, Vom Vorteil, gut zu sein, 69.
44 Vgl. zum Folgenden N. Brantschen, Vom Vorteil, gut zu sein, 67f.
45 Vgl. Coll. Don. 9,8–V500b–503b
46 Coll. Don. 9,17–V503b
47 Die Übersetzung ist von H. Merklein, Der erste Brief an die Korinther, Kapitel 1–4, Ökumenischer Taschenbuch-Kommentar zum Neuen Testament 7/1, hrsg. v. E. Gräßer/K. Kertelge, Gütersloh/Würzburg 1992, 167.
48 D. Sölle, Den Rhythmus des Lebens spüren. Inspirierter Alltag, Freiburg u. a. 2003, 98.

3 Zeit – das knappe Gut

49 Vgl. dazu K. A. Geißler, Vom Tempo der Welt. Am Ende der Uhrzeit, Freiburg/Basel/Wien 1999; ders., Im Wandel der Zeit – Die Zeit im Wandel. Perspektiven einer Ökologie der Zeit, in: N. Brieskorn/J. Wallacher (Hg.), Beschleunigen, Verlangsamen. Herausforderungen an zukünftige Gesellschaften, Köln 2001, 107–126.
50 Zitiert bei O. G. Klein, Zeit als Lebenskunst, Berlin 2007, 52f.
51 So auch der Titel eines Buches von M. Gronemeyer, Leben als letzte Gelegenheit. Sicherheitsbedürfnisse und Zeitknappheit, Darmstadt ^{4}2012.
52 N. Luhmann, Die Knappheit der Zeit und Vordringlichkeit des Befristeten, Frankfurt 1968, 13; dazu: C. Geyer/N. Luhmann. Die Knappheit der Zeit und die Vordringlichkeit des Befristeten, Berlin 2012.
53 Zitiert bei O. G. Klein, Zeit als Lebenskunst, 65.
54 A. Stifter, Der Silvesterabend, hier zitiert nach K. A. Geißler, Vom Tempo der Welt. Am Ende der Uhrzeit, Freiburg/Basel/Wien 1999, 17.
55 Zitiert bei K. A. Geißler, Im Wandel der Zeit, 109f.
56 Die Konsequenz ist gigantisch: Gott hat keinen Ort, sein Ort ist die

Zeit! Gott begegnet in der Geschichte und weist zugleich über sie hinaus. Sein Ort ist der Vorübergang. Er ist der Gott der Väter (El-Gott), Abrahams, Isaaks und Jakobs, nicht der Heiligtümer. Davon ist in der Bibel nur nachgeordnet die Rede. »Ich bin der, als der ich mich erweisen werde« ist seine Namensoffenbarung an Mose (Ex 14). Auch hier ist sein »Anwesen« die Zeit, die Zukunft, in der er sich immer wieder als Gott erweisen wird. Seine Führung in der Vergangenheit gibt dazu die berechtigte Hoffnung.

4 Grenzen – gegeben und aufgegeben

57 P. Tillich, Auf der Grenze, Stuttgart 1962, 9.
58 Nach einem Wort von Romain Rolland: »Glück heißt seine Grenze kennen und sie lieben.«
59 K. Hemmerle, Denken der Grenze – Grenze des Denkens. Zur Phänomenologie Bernhard Weltes, in: Ders., Auf den göttlichen Gott zudenken. Schriften zur Religionsphilosophie und Fundamentaltheologie, Ausgewählte Schriften Bd. 1, Freiburg u. a. 1996, 243. Die Grenze birgt drei Urbegriffe in sich. Wo ich eine Grenze erkenne, sage ich zugleich: »dieses« (Bestimmte), »nichts« (nichts anderes – Unterscheidung), »und« (nach innen: verbindet zu einer Gestalt, nach außen: verbindet mit dem, wo es angrenzt). »Als *Schranke*, Mangel wird etwas nur gewusst, ja empfunden, indem man zugleich darüber *hinaus* ist« (G. W. Hegel, System der Philosophie, Sämtliche Werke, hrsg. v. H. Glockner, Bd. 8, [4]1964, 159).
60 Aussage eines Patienten an der Grenze des Todes: M. Renz, Grenzerfahrung Gott. Spirituelle Erfahrungen in Leid und Krankheit, Freiburg u. a. 2003, 82.
61 Einige Hinweise zum »geistlich-biblischen Umgang« mit Grenzen bietet: W. Lambert, Friede wohne in deinen Mauern. Zum Umgang mit Grenz-Erfahrungen, in: Ders., Gott umarmt uns durch die Wirklichkeit, Mainz 1998, 17–31.
62 E. Jüngel, Lob der Grenze, in: Ders., Entsprechungen: Gott – Wahrheit – Mensch. Theologische Erörterungen II, München 1980, 371–377, hier 374.
63 G. Fuchs, Lob der Endlichkeit. Von der Gnade, begrenzt zu sein, in: Meditation 37 (2011) Heft 3, 2–7, hier 3. Das ganze Heft 3 ist dem Thema »Grenze« gewidmet.
64 Vgl. z. B. die Definition des Konzils von Chalkedon, DH 301.
65 Vgl. dazu M. Renz, Grenzerfahrung Gott, 153; dort auch den Hinweis auf Dorothee Sölle über das Annehmen von Leiden.
66 Entspricht nicht der Einheitsübersetzung der Bibel. Übersetzer unbekannt.

67 A. Grün/R. Robben, Grenzen setzen – Grenzen achten. Damit Beziehung gelingen – Spirituelle Impulse, Freiburg u. a. ⁶2011, 73.
68 Ebd., 125.
69 Hier wäre die antirhetische Methode der Mönchsväter zu nennen, die auf »dunkle Gedanken« mit einem stärkenden Wort aus der Schrift antworteten, um sich nicht im Bann von falschen Einreden in der eigenen Lebenskraft zu begrenzen, so z. B. auf das Angstwort: »Du kannst das nicht! Was sollen die anderen denken!« »Der Herr ist mit mir, ich fürchte mich nicht. Was können Menschen mir antun?« (Ps 118,6). Vgl. dazu A. Grün, Der Himmel beginnt in dir. Wissen der Wüstenväter für heute, Freiburg u. a. ⁴2000, 83–104, bes. 98–104.
70 Vgl. dazu das empfehlenswerte Buch von K. Schaupp, Bedürfnisse wahrnehmen – der Spur der Sehnsucht folgen. Ein spiritueller Übungsweg, Würzburg 2010.
71 A. Grün/R. Robben, Grenzen setzen – Grenzen achten, 125.
72 Ebd., 80.
73 F. Kamphaus, Priester aus Passion, Freiburg u. a. 1993, 62.
74 M. Renz, Grenzerfahrung Gott, 58f. (Hervorhebungen der Autorin).
75 Ebd., 59 (Hervorhebung der Autorin).
76 Ebd.
77 H. Domin, Abel steh auf. Gedichte, Prosa, Texte, Stuttgart 1979, 36.
78 Zuerst sendet er den Raben aus, ein mögliches Bild für eine dunkle, verworrene Suche nach festem Land. Dann aber schickt er dreimal eine Taube aus. Zuerst kreist sie nur über dem Wasser, ein mögliches Bild für den Glauben, der vertraut, dass Gott Rettung gibt. Beim zweiten Mal kehrt die Taube mit einem Olivenzweig im Schnabel zurück. Der Olivenzweig ist eine Gabe von jenseits her, die Hoffnung. Schließlich kehrt die Taube, nachdem sieben Tage vergangen sind, nochmals ausgesandt, nicht mehr zurück. Die Liebe vereint sich mit dem Land der Verheißung.
79 M. Renz, Grenzerfahrung Gott, 51 (Hervorhebung der Autorin).
80 A. Knapp, Gedichte auf Leben und Tod, Würzburg 2008, 73.
81 Vgl. dazu R. Guardini, Die Annahme seiner selbst. Den Menschen erkennt nur, wer von Gott weiß, Mainz ⁶1999, 32.
82 Vgl. dazu den »Grenzbegriff« der »scintilla animae«, den Seelenfunken. Er oszilliert zwischen geborenem Geschöpf und ungeborener Gottheit, weil seine Herkunft zugleich seine Zukunft und seine Gegenwart ist. Siehe dazu D. Mieth, Meister Eckhart. Mystik und Lebenskunst, Düsseldorf 2004, 36; zum Ganzen auch: A. Grün, Biblische Bilder der Erlösung, Münsterschwarzach 1993, 77.
83 Beim Himmel geht es nicht um bloße Projektionen menschlicher Sehnsucht, die nach einem Kontrastbild zu den unerträglichen Erfah-

rungen des Elends der Gegenwart rufen. Was der christliche Glaube als endgültige Zukunft verheißt, beansprucht, *das absolut Überraschende* zu sein, eben das, »was kein Auge gesehen und kein Ohr gehört hat, was keinem Menschen in den Sinn gekommen ist: das Große, das Gott denen bereitet hat, die ihn lieben« (1 Kor 2,9). Das heißt: Wir wissen es nicht, wir ahnen es nicht, wir prognostizieren oder weissagen es nicht, sondern wir *hoffen*, dass Gott seine ganze Schöpfung, die menschliche Geschichte und jedes einzelne Geschöpf zu seiner Vollendung im Reich Gottes führen wird, um so die ganze Geschichte der Welt zu beenden und ins ewige Leben Gottes hinein »aufzuheben«. An den Himmel glauben heißt zuerst: Wir *vertrauen*, dass unsere Wirklichkeit von einer unendlichen *Treue* getragen und so zum Heil geführt wird.

84 T. Pröpper, Theologische Anthropologie. Zweiter Teilband, Freiburg u. a. 2011, 679 (Hervorhebung und Untergliederung L. Sch.).
85 Ebd., 669.
86 A. Stadler, »Die Menschen lügen. Alle.« Und andere Psalmen, Frankfurt/Leipzig 1999, 105f.

5 Vergebung – Weg in die Zukunft

87 J. Monbourquette, Vergeben lernen in zwölf Schritten, Ostfildern 2010, 28f. Viele meiner hier vorgetragenen Gedanken sind von diesem hilfreichen Buch inspiriert.
88 Ebd., 31.
89 Ebd., 57.
90 Ebd., 44 (Hervorhebung L. Sch.).
91 Ebd., 125.
92 H. J. M. Nouwen, Leben hier und jetzt. Jahreslesebuch, Freiburg u. a. 2005, 35.
93 Ebd.
94 Zitiert nach: J. Monbourquette, Vergeben lernen in zwölf Schritten, 58.
95 Vgl. dazu T. Halík, Geduld mit Gott. Die Geschichte von Zachäus heute, Freiburg u. a. ²2011.
96 J. Monbourquette, Vergeben lernen in zwölf Schritten, 45f.
97 Ebd., 46.
98 Ebd., 72.

6 Gelassenheit – aus Vertrauen leben

99 M. Enders, Gelassenheit – ein Grundwort der Deutschen Mystik und seine Botschaft für unsere Zeit, in: Ders., Gelassenheit und Abge-

schiedenheit – Studien zur Deutschen Mystik, Hamburg 2008, 349–375, hier 367ff.
100 G. C. Márquez, 13 Zeilen für das Leben.
101 Vgl. J. B. Lotz, Sein Herz nicht an die Dinge hängen. Besinnung zur Einübung der Gelassenheit, in: K. Rahner/B. Welte (Hg.), Mut zur Tugend, Freiburg/Basel/Wien ³1980, 46–66, bes. 46–51.
102 Ataraxia oder apathia hat dies die Stoa und z. B. ihr heute noch gern gelesener lateinischer Großmeister Seneca genannt, der im Übrigen selbst nicht so unberührt im Leben stand, wie seine Lehre suggeriert. Vgl. dazu z. B. den lyrischen Kommentar von D. Grünbein, An Seneca. Postskriptum: Seneca. Die Kürze des Lebens, Frankfurt a. M. 2004, 12.
103 Der »postmoderne« Gebrauch der lateinischen Weisung »Carpe diem« spricht für sich. Zur rechten und irreführenden Rede vom Augenblick vgl. das hervorragende Buch von G. Haeffner, In der Gegenwart leben. Auf der Spur eines Urphänomens, Stuttgart/Berlin/Köln 1996.
104 D. Grünbein, An Seneca, 12.
105 Vgl. dazu auch H. Vorgrimler, Art. Gelassenheit, in: LThK Bd 4 (1960), Sp 631–633).
106 Vgl. dazu W. Lambert, Zeiten zum Aufatmen. Seelsorge und christliche Lebenskunst, Mainz 2008, 14ff.
107 K. Tepperwein, Gelassenheit. Sich dem Strom des Lebens überlassen, München ²1996, 13.
108 In der näher auszuführenden Begrifflichkeit bei Eckhart: die Selbstvernichtung des Kreatürlichen, um zur völligen »Abgeschiedenheit« = Gottgleichheit zu gelangen; vgl. dazu A. M. Haas, Kunst rechter Gelassenheit. Themen und Schwerpunkte von Heinrich Seuses Mystik, Bern 1995; M. Enders, Gelassenheit und Abgeschiedenheit.
109 Für Eckhart hat die Forderung des Evangeliums, »alles zu verlassen«, nicht nur ein asketisches Preisgeben allen äußeren Besitzes zur Bedeutung, sondern bei ihm erhält das »Omnia relinquere« eine philosophische Wendung, die hier nicht weiter verfolgt werden soll. »Alles verlassen« hat bei ihm die Aufgabe, jede Ungleichheit zu Gott zu überwinden, aus dem Vielen sich mit dem einen Gott zu verbinden. »Gott, als das Eine, außerhalb und über dem Vielen, das ununterschiedene reine Sein, das alle Vielheit in sich einschließt«, kann nur in der Preisgabe von Allem, das das Viele ist, als Ziel der Nachfolge gewählt werden. »Alles verlassen« ist Grund des Gottähnlichseins. In dem Maße, wie Geschöpfliches gelassen wird, wird Gott im Menschen gegenwärtig. Vgl. A. M. Haas, Kunst rechter Gelassenheit, 250–253; M. Enders, Gelassenheit und Abgeschiedenheit, 351–356. Wie weit eine solche neuplatonische Sicht zu einer Abwertung der

Schöpfungsrealität führt, wäre eigens zu diskutieren! Franziskus und die franziskanische Schule gehen nicht über den erkenntnisphilosophischen Weg, sondern setzen bei der Offenbarung der Liebe Gottes in Jesus Christus an, die den Menschen in die Einheit mit Gott hineinreißt. So betet Franziskus: »Losreißen möge meinen Sinn, ich bitte dich, o Herr, die flammende und doch erquickende Gewalt deiner Liebe von allem, was unter dem Himmel ist, damit ich sterbe aus Liebe zu deiner Liebe, der du dich herabgelassen hast, aus Liebe zu meiner Liebe zu sterben.« Beide Wege führen zur Einheit mit Gott.

110 Zitiert nach S. Zekorn, Gelassenheit und Einkehr. Zu Grundlage und Gestalt geistlichen Lebens bei Johannes Tauler, Würzburg 1993, 83f.
111 Tauler und Seuse folgen ihm mit unterschiedlicher Begrifflichkeit darin. Vgl. M. Enders, Gelassenheit und Abgeschiedenheit.
112 A. M. Haas, Kunst rechter Gelassenheit, 255.
113 DW 2, 501, 1–4, zitiert nach A. M. Haas, Kunst rechter Gelassenheit, 256.
114 Unbekannter Autor. Entnommen aus: E. J. Farrell, Disciples and Other Strangers. Dimension Books, Denville, N. J., 1974. Übersetzt v. B. Pfeiffer SJ.
115 B. Doppelfeld, Lassen. Münsterschwarzach ³1999, 29.
116 Dazu ausführlicher das sehr hilfreiche Buch: J. Maureder, Mensch werden – erfüllt leben, Würzburg 2007, hier besonders 17–38.

7 Kontemplation – erfüllte Gegenwart

117 H. Müller, Niederungen, München 2010. 1984 zuerst in Deutschland erschienen, da war die Autorin dreißigjährig. Das 2010 erneut herausgegebene Werk ist die ungekürzte Fassung und enthält diesen bisher unveröffentlichten Text.
118 M. Walser, Muttersohn, Hamburg 2011, 487.
119 R. Rohr, Pure Präsenz. Sehen lernen wie die Mystiker, München ³2011, 30–34.
120 Die Viktoriner sprechen von »drei paar Augen«, das heißt von drei Weisen des Sehens, während die Rede von dem »ersten«, »zweiten« und »dritten Auge« von R. Rohr wohl in Anlehnung an die asiatische Tradition verwandt wird, vgl. R. Rohr, Pure Präsenz, 31f.
121 R. Rohr, Pure Präsenz, 101f.
122 Ein bemerkenswerter Versuch und eine Ausnahme liegt im Werk des Philosophen Josef Pieper vor, so z. B. »Glück und Kontemplation«, »Zustimmung zur Welt« oder »Verteidigungsrede für die Philosophie«; siehe dazu: J. Pieper, Werke in acht Bänden, hrsg. v. B. Wald,

Hamburg 1995–2007, vor allem die Bände 3, 6 und 8,2. Im deutschen Sprachraum als bekanntester Übungsweg gelten die Ausführungen von F. Jalics SJ. Der kontemplative Weg, Würzburg 2006.
123 R. Rohr, Pure Präsenz, 38.
124 Ebd.
125 Vgl. zur Karriere des Begriffs und zur phänomenologischen Grundlegung das bemerkenswerte Buch von G. Haeffner, In der Gegenwart leben. Auf der Spur eines Urphänomens, Stuttgart 1996.
126 S. Reinhardt, Meditation. Entspannung in hektischen Zeiten, in: Psychologie Heute, 12/2010, 20–25, hier 22.
127 G. May, Ich schlafe, doch mein Herz ist wach. Wege zum kontemplativen Leben, München 1995, 25.
128 Ebd.
129 Ebd.
130 Ebd.
131 Ebd.
132 Ebd., 84–86.
133 Vgl. ebd., 87.
134 Das Wort stammt von Richard von St. Viktor, Benjamin minor, Cap. 13, hier zitiert bei: J. Pieper, Glück und Kontemplation, in: Ders., Kulturphilosophische Schriften, hrsg. v. B. Wald/ J. Pieper, Werke in acht Bänden, Bd. 6, Hamburg 1999, 193.
135 Ebd.
136 Es kommt durchaus vor, dass hinter der täglich gelebten Rolle ein Gefühl einer ständigen Regression sich breitmacht. Es wird ein innerer Weltschmerz gepflegt, der sich bedauern lassen will und keinen Selbststand sucht.
137 G. May, Ich schlafe, doch mein Herz ist wach, 220–222. Hervorhebung L. Sch.
138 Ebd., 129.
139 Vgl. dazu die Ausführungen von C. O. Scharmer, Theorie U. Von der Zukunft her führen, Heidelberg 2009.
140 T. Merton, Christliche Kontemplation, München 2010, 164.
141 G. May, Ich schlafe, doch mein Herz ist wach, 129.
142 Vgl. ebd., 162.
143 R. Rohr, Pure Präsenz, 39. F. Jalics hat in seinem Alterswerk, Die Geistliche Begleitung im Evangelium, Würzburg 2012, in schlichter und präziser Form auf die geistliche Wende von einem »immanenten Gott«, der der eigenen Harmonie dient, und einen »transzendenten Gott«, der zum Überstieg beruft, hingewiesen.
144 Vgl. R. Rohr, Pure Präsenz, 40.
145 Ebd., 37. Beim Autor kursiv.
146 Buddhisten vollziehen diesen Blick im Wissen vom Schein aller vor-

handenen Wirklichkeit und in der Überzeugung von einer Verwandlung in ein Nicht-zu-wissendes-Nichts hinein.
147 Vgl. J. E. Bamberger, Thomas Merton. Mönch und Kontemplativer, in: GuL 83 (2010), 321–338, hier 327.
148 T. Merton, New Seeds of Contemplation, 25, zit. nach: J. E. Bamberg, in: GuL 83 (2010), 321–338.
149 T. Merton, New Seeds of Contemplation, 34, in: ebd.
150 Vgl. G. May, Ich schlafe, doch mein Herz ist wach, 35.
151 T. Merton, Im Einklang mit sich und der Welt, Zürich 1976, 242f.
152 S. Weil, Cahiers 1, München/Wien o. J., 367.
153 Vgl. dazu J. B. Metz, Mystik der offenen Augen. Wenn Spiritualität aufbricht, Freiburg/Basel/Wien 2011.
154 T. Merton, Christliche Kontemplation, 123.
155 Vgl. dazu ebd., 122.
156 C. Teissl, Umkreisungen des Namenlosen. Gedichte, Würzburg 2010, 49f.
157 Die Aufzählung lehnt sich an G. May, Ich schlafe, doch mein Herz ist wach, 197f, an. Sie ist an einigen Stellen gekürzt oder ergänzt worden.

Schluss: Gut für Überraschungen

158 Josef Pieper, dessen Gedanken ich hier aufgreife, hat angesichts des nationalsozialistischen Grauens, das sich abzeichnete, 1936 einen kleinen Aufsatz geschrieben mit dem Titel »Über das christliche Menschenbild«, heute in: J. Pieper, Religionsphilosophische Schriften, Werke in acht Bänden, Bd. 7, Hamburg 2000, 94–114, hier bes. 96.
159 Ein aktuelles Beispiel: P. Bubmann/B. Sill (Hg.), Christliche Lebenskunst, Regensburg 2008. Siehe auch L. Schulte, Gott suchen – Mensch werden. Vom Mehrwert des Christseins, Freiburg ²2007.
160 Ermahnungen 27, in: Franziskus-Quellen. Die Schriften des heiligen Franziskus, Lebensbeschreibungen, Chroniken und Zeugnisse über ihn und seinen Orden. Hrsg. v. D. Berg/L. Lehmann, Kevelaer 2009, 54.
161 So Percy, der Protagonist in M. Walser, Muttersohn, 481.

Mertons Einführung in die Meditation

Thomas Merton
Meditationen eines Einsiedlers
Über den Sinn von Meditation und Einsamkeit

Neuausgabe
Format 12 x 19 cm
ca. 160 Seiten
Hardcover
ISBN 978-3-8436-0359-1

Für Thomas Merton ist Meditation der Königsweg, um sich dem Geheimnis Gottes zu nähern. Das stille In-sich-Gehen, der Rückzug und das Atemholen sind für ihn intensive Formen der Gottesbegegnung. Daraus entwickelt sich eine innere Haltung der Dankbarkeit, die selbst das oft ruhelose alltägliche Tun zum Gebet werden lässt.
Der Mystiker Merton führt mit diesem inspirierenden Buch den Weg in die Stille und gibt wichtige Impulse für die eigene meditative Praxis.

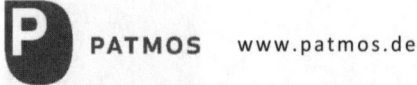 www.patmos.de

Warum der christliche Glaube gerade jetzt so wichtig ist

Klaus Koziol
Gerade jetzt!
Nie war das Christentum wichtiger als heute

Format 12 x 19 cm
ca. 112 Seiten
Klappenbroschur
ISBN 978-3-8436-0368-3

Gewinnmaximierung, Fortschrittsdenken und Konsum haben über Jahre unserer Gesellschaft ihren Stempel aufgedrückt. Doch es wird immer offensichtlicher, dass dies nirgendwohin als an den Abgrund führt. Doch was gibt stattdessen Orientierung? Hat vielleicht der christliche Glaube immer noch und gerade jetzt eine prägende Kraft? Klaus Koziol ist überzeugt, dass die christliche Perspektive nie wichtiger war als heute. Präzise und kreativ zeigt er, wie diese Orientierung in Politik und Wirtschaft nachhaltige Impulse liefern kann. Gleichzeitig scheint in seinem Buch etwas von der Faszination und dem Abenteuer auf, das es bedeutet, heute Christ zu sein. Eine Inspiration für alle, die nach neuen Wegen suchen.

 www.patmos.de